伝説の校長講話

渋幕・渋渋は何を大切にしているのか

田村哲夫
古沢由紀子／聞き手

中央公論新社

序にかえて――「伝説の校長講話」への誘《いざな》い

「シブシブ」「シブマク」と聞いて、すぐに「あの超進学校の……」と分かる人は、首都圏在住の比較的若い世代、もしくは、中学・高校受験にちょっと詳しい人かもしれない。「公立王国」と言われた千葉県で、渋谷教育学園の田村哲夫理事長が創設した幕張中学高校は、わずか十数年で東大合格者が県内トップになり、教育関係者に「シブマクの奇跡」と評された。東京都内の女子校を共学化した渋谷中学高校も進学実績を伸ばし、首都圏の女子校に「共学ブーム」を起こすきっかけとなった。両校の東大合格者は今や毎年計１００人を超え、海外の有名大学への進学も早くから支援している。とかく伝統が重視され、閉鎖的とも言われる教育の世界に、田村さんは新風を吹き込み続けてきたのだ。

その経歴も、私学経営者としては異色と言える。東大法学部卒の銀行マンだったが、父の他界に伴い34歳で学園の理事長に就き、校長も兼務してきた。新興の進学校というと、「特別進学クラス」などを設けて一部の生徒を伸ばそうとしたり、「詰め込み型」の学習を徹底したりする手法を思い浮かべるが、どちらも田村さんの目指す教育とはほど遠い。生徒の自主性を引き出す「自調自考」の理念のもと、高校生になると自分でテーマを選び約1万字の論文を執筆するなど、思考力を高める先進的な教育で知られる。保護者の声に積極的に耳を傾け、生徒たちに校則を考えさせるなど、自由でオープンな学校改革を牽引《けんいん》したのも画期的だ。近年は、看護人材を育てる医療系大学、保育園と幼稚園の機能を併せ持つ認定こども園の経営なども本格化させて社会のニーズに応えている。

なかでも渋谷教育学園の教育でユニークなのは、田村さんが生徒に直接語りかける「校長講話」を半世紀近くも続けてきたことだろう。講話といっても、朝礼で聴く一般的な「校長先生のお話」とは全く別ものである。「中高生のリベラル・アーツ」を掲げ、学年ごとに大教室で1回50分（しばしば延長になる）の授業の枠を使う。両校合わせて年間計60回、80歳代後半になった今も田村さんは立ち通しの講話を続けている。

米国の大学などで重視されるリベラル・アーツは、文系、理系を問わず幅広く学問の基本を身につけるのが目的で、教養教育とも訳される。田村さんは生徒の発達段階に合わせて入念に講話の内容を練り上げ、国内外の思想や歴史、科学の発展などを縦横に語る。大人が聴いても新たな発見に満ちた「白熱授業」だ。生徒たちには先人の生き方を知ることで、自分を見つめ、社会の中でどうしたら貢献できるのか、深く考えてもらうことも狙いとしている。

政府の中央教育審議会委員などを長く務めた田村さんは、米国の歴史学者の名著『アメリカの反知性主義』の翻訳も手がけた「学究肌」でもある。新聞の書評欄などで話題になった新刊にはできるだけ目を通し、社会の情勢をふまえて最新の論考や学術研究の成果も講話に取り入れている。

◇

この本は2部に分かれた構成になっている。先に後半について説明すると、田村さんの幼少期から現在に至るまでの歩みが、計十数回にわたるロングインタビューや取材を基にまとめられている。読売新聞朝刊の長期連載シリーズ「時代の証言者」で「私学を育てる　田村哲夫」として2021年7月~8月に計33回掲載された記事に加筆したものだ。1936年生まれの田村さんは学校法人の理事長を半世紀以上も務め、国の政策にも関わりながら、日本の教育の変遷を現場からつぶさに見てきた。父は戦前から実業系の女学校を都内で経営しており、あまり語られてこなかった都市部の私学と女子教育の発展を知る上でも、その「証言」は非常に興味深い。就任時に「都内で一番若い校長」と言われた田村さんが民間企業出身の感覚も生かして学校改革を進めていく様子は、今の時代から見ても先進的でわくわくさせられる。田村さんは日本の教育の課題に、生徒や保護者の思いもふまえた現場の視点で率直な提言を行ってきた論客でもあり、その論考にも注目してもらいたい。

そして本書の前半には、２０２１年度に渋谷中高で行われた講話を中心に全30回分の内容を抽出、再構成して収めている。中学1年生から高校3年生まで、学年ごとに年間5回ずつで、幕張中高での講話もほぼ同じ内容だ。それぞれの生徒は、中高6年間で計30回の講話を聴くことになる。各回を通じて田村さんが訴えるのは、「自分で考え、自分で決める」ことの大切さで、それが数百年もかけて人類社会が獲得した「自由」の根本だということだ。DNAが一人一人違うように、それぞれが唯一無二の存在で、「きっと、誰かは誰かの役に立つ」と語りかける。思春期で揺れることもある生徒たちの胸には、強く響くものがあるはずだ。中学生には平易だった説明が学年を追うごとに詳しく幅広くなり、同じテーマがらせんのように繰り返されることで理解が深まっていく。

そして、自由を愛する田村さんは決して「押しつけない」。講話の最後は「私は自由であることが大切だと考えるけれど、君たちはどう思うかな。よく考えてみてください」と締めくくる。

◇

筆者は文部省（当時）担当の記者だった1998年から田村さんの教育論に接してきた。10年ほど前には、渋谷中学高校での校長講話を取材し、熱弁を振るう田村さんにカメラを向けながら往生したことを覚えている。ホワイトボードにキーワードを書き留め、スクリーンの資料を指し示し、時に歩き回りながら生徒に語りかける田村さんの動きが速く、ファインダーにうまく収まってくれないのだ。そんな活気あふれる授業のスタイルは、両校の校長職を退き、「学園長講話」と名称を替えた2022年度以降も変わらない。

講話の終了後は、交代で司会役を務める生徒一人が一言ずつ感想を述べるのが恒例になっている。自然体でユーモアを交えた内容が多く、教室が温かな笑いに包まれるので、筆者は傍聴する際に楽しみにしていた。司会役以外の生徒も手を挙げ、「自由と正義は両立しないこともあるのではないか。対話で解決できず戦争が起きてしまうような場合はどうすればいいのか」といった鋭い質問を投げかけることもあった。田村さんはどんな質問や意見にも変わらぬ温かい笑顔で、「素晴らしいね」と感心しつつ真摯に応えていく。
2021年度の高3の最後の講話で、印象的な場面があった。司会役の生徒たちが6年間の講話を振り返り、これからの人生への「決意表明」をしたのだ。いずれも自然発生的な生徒たちの思いだったと思うので、紹介してみたい。

司会役の生徒A「中学生の頃は、校長講話の内容を一人で理解しがたかったので、周りのみんなに訊《き》いてディスカッションをして理解を深め、『校長講話フレンズ』をつくることができました（笑）。高校生になると一人で理解できるようになってきて、自分と本格的に向き合う場にさせていただきました」

生徒B「僕たちは校長講話で学んだことや『自調自考』を胸に刻み、自立して自由な人生を歩みます」

自らの講話のキーワードがちりばめられた生徒たちの発言に、相好《そうごう》を崩す田村さん。その姿を生徒たちが心から敬愛していることが、卒業を前にした惜別の情もあいまって切ないほどに伝わってきた。「冒険心や失敗を恐れない気持ちは、『自由』から生まれてくるわけです」と語る86歳の校長の包み込むような、しかし熱いメッセージに耳を傾けた瞬間を、生徒たちが忘れることはないだろう。

「伝説の校長講話」の教室へようこそ。学生時代に素通りしてしまったかもしれない歴史や哲学、科学の意味と面白さが、時空を超えて相互に結びつくことで、鮮やかによみがえってくる。現代社会の様々な事象の道筋をたどれるようになり、視野が間違いなく広がる。その醍醐味《だいごみ》を、幅広い世代の人たちに味わってほしい。

古沢由紀子

２０２２年12月

目　次

校長講話の後、生徒に
囲まれる田村哲夫氏

第一部
伝説の校長講話

高校１年	高校２年	高校３年
【自己の社会化】	【自由とは】	【自分探しの旅立ち】
①高校生活とは ・「高校時代に心がけてほしいこと」 ・『風姿花伝』世阿弥 ・『フランクリン自伝』と『福翁自伝』 **②世界はこうして幸せを知る** ・『アイデンティティ・ゲーム――存在証明の社会学』石川准 ・『本という不思議』長田弘 ・『誇り高き市民――ルソーになったジャン=ジャック』小林善彦	**①普遍性の文化** ・ヨーロッパの言語、文化か文明か ・『未来からの挨拶』堀田善衛 ・西欧各地の大学（地図画像） ・リベラル・アーツとは **②自由について** ・『アダム・スミス――「道徳感情論」と「国富」の世界』堂目卓生 ・『立ちつくすピラト』苅部直 ・『フランス自由主義の成立――公共圏の思想史』安藤隆穂 ・『自由からの逃走』エーリッヒ・フロム ・国立国会図書館法「真理はわれらを自由にする」 ・シンパシーとエンパシー	**①基本的人権・人格的自律権と自調自考** ・「人権に関する若干の覚書」佐藤幸治 ・「善く生きるには――人間であること」 田中美知太郎 ・生活と学習時間について **②知と知性・モラルと正義** ・「「知」の賢慮に向けて」 樋口陽一 ・「『正義を求める心』を生かし続けるために」 西研 ・『これからの「正義」の話をしよう』マイケル・サンデル ・『重力とは何か』大栗博司
③自然と地球環境 ・「熱帯地域との国際交流」小坂光男 ・サステイナビリティ学とは ・ＤＮＡ――機能と構造 ・温暖化の地球史 **④読書と自己発見** ・『海図と航海日誌』池澤夏樹 ・『みみずくの散歩』五木寛之 ・『ゾウの時間ネズミの時間』本川達雄	**③青春と人間関係** ・「青春の情熱」藤原定 ・「『教養教育』を考える」 田村哲夫 ・東大入試問題（反知性主義）（AIによる代替可能職業の表） **④学習と非認知能力** ・『インテレクチュアルズ』 ・非認知能力とは何か（表） ・大学入試、科学と技術	**③これからの日本** ・マグナ・カルタ（動画） ・『心の習慣』田村哲夫 ・『心の習慣――アメリカ個人主義のゆくえ』ベラー ・『菊と刀』ルース・ベネディクト **④文化の進歩** ・『人類知抄』（アインシュタイン）中村雄二郎 ・『免疫の意味論』多田富雄 ・「『教養の危機』を超えて」山崎正和 ・ＳＤＧｓ（持続可能な開発目標）
⑤学問への旅立ち ・「論理と情緒」「教養立国ニッポン」藤原正彦 ・現代に至る構造主義――レヴィ=ストロース ・オペロン説 ・芸術の力　ゴーギャン（絵の画像） ・『アメリカン・マインドの終焉』アラン・ブルーム	**⑤自己認識とメタ認知** ・『私の個人主義』夏目漱石 ・米国独立宣言・ゲティスバーグ演説 ・「『自己拘束力』どう育てる」田村哲夫 ・「自画像」の思想史 ・ハンナ・アーレント	**⑤インテレクトとインテリジェンス** ・「求められる知」田村哲夫 ・「『日本の思想』と文化の諸問題」丸山真男 ・エージェンシー　OECD2030's direction （ベートーヴェン「交響曲第九番」） （「世界人権宣言」パンフレット配布） ※高３は２学期までに終了

●校長講話のシラバス（授業計画）と参考資料（抜粋）

学年	中学１年	中学２年	中学３年
年間のテーマ	**【人間関係】**	**【自我のめざめ】**	**【新たな出発（創造力）】**
1学期	**①ノートとのつきあい** •『知的生産の技術』より「整理と整とん」 ～梅棹忠夫関連資料の展示 •本居宣長の「松坂の一夜」 **②学習について** •日本全図を作る――伊能忠敬（伊能図の画像） •『四千万歩の男』井上ひさし •『藤野先生』――魯迅について •『大発見』ブアスティン	**①ヒューマニズム** •「ヒューマニズムの火を灯せ」 •『君たちはどう生きるか』吉野源三郎 •「表札」石垣りん •野田と飢饉　資料 **②個人と社会・自己同一性** •『グスコーブドリの伝記』宮沢賢治 •「人間は反自然的な動物」河合雅雄 •「記憶のなかのこども」鶴見俊輔 •「読書子に寄す」　岩波茂雄	**①独創力** •「完成品を尊重するハウツウ教育が日本人から創造力を奪った」西澤潤一 •『コンピュータが仕事を奪う』新井紀子 （ヤヌスの画像） **②学習とは** •『天平の甍』井上靖 •遣唐使の航路（地図資料） •「一からわかるナノテクノロジー」 •古代外交史、古代の対外関係 •代替不能な能力こそ重要 （東山魁夷作品の画像、モーツァルト「頭を良くする音楽」）
2学期	**③人間関係と読書** •『二度と通らない旅人』小川未明 •『絵の悲しみ』国木田独歩 •文字の世界の地図 （グーテンベルク画像） **④同** •『銀の匙』中勘助 •塙保己一と『群書類従』 •声明（音声） •「赤い鳥」運動（復刻本の閲覧）	**③進取の気性** •『太平洋へのみち』 •『ぼくはこんな本を読んできた』立花隆 •『「超」勉強法』野口悠紀雄 •風向きと航法地図（画像） **④個性** •『清兵衛と瓢箪』志賀直哉 （ヒョウタン実物） •『柿右衛門』阿坂卯一郎	**③友情** •『生きた友情』古谷綱武 •『啓発録』橋本左内（石碑画像） •『人生論ノート』三木清 •「二十一世紀に生きる君たちへ」司馬遼太郎 •『なぜ子供は学校に行かねばならないのか』大江健三郎 **④時間と命　カイロスとクロノス** •「天井が明るい」 •『モモ』――ミヒャエル・エンデについて •『種の起源』 •ヘッケルと分子生物学
3学期	**⑤人間関係・顔と国際理解** •『大岩の顔』ナサニエル・ホーソン •『顔』南伸坊（画像） •『最後の授業』アルフォンス・ドーデ	**⑤自我のめざめ** •『夢十夜』『ケーベル先生』夏目漱石 •「ケーベル先生、ヘクトーのことなど」松平千秋 •「二つのJ」　内村鑑三 •理工学の根幹	**⑤個人と社会** •「ガリレオの生涯」 •「ソクラテスと法」 •『審判』カフカ

1章　中1　「人間関係と読書」

①ノートとのつきあい～考えることとの出発点

一人一人の自分に「代わり」はいない

高校3年生まで続く校長講話がいよいよ始まります。計30時間、6年間かけて話をするのですが、最初は全部わからなくてもいいですよ。へえ、そんなふうな考え方もあるんだと思って聴いてくれればいいのです。

校長講話の目的は二つあります。一つは、一人一人の自分というものは、「代わり」がいない大変貴重な存在だと知ってもらうことです。地球上には80億もの人間がいますが、自分がいなくなったら自分に代わる人は一人もいないんです。それは最新の生命科学で説明されています。全員が異なるＤＮＡという遺伝子を持っていて、全く同じ人、クローン人間というのは自然の中では生まれません。君たちは約37兆の細胞がくっついてできた多細胞生物で、一つ一つの細胞に同じＤＮＡが入っています。これは生命活動の設計図で、80億人いると80億通りある。だから君たち一人一人には、かけがえのない価値がある。それを分かってもらいたいのです。

もう一つは、それぞれ違う人たちが人類社会をつくり、社会の一員でなければならないということです。社会をつくらなければ人間は生きていけないのですが、全然違う人たちが集まってつくるのは、難しいですよね。それを理解してもらうために校長講話をしています。この学校の教育目標は「自調自考」ですね。自分で調べ、自分で考えて好きなことを見つけて学ぶのは、力を発揮できる良いやり方です。それと同時に、自分のしたいことを一生懸命勉強し、結果として人のため、みんなのためになるようにと、考える人になってほしいのです。それでは、早速話の内容に移っていきましょう。

中1の皆さんには「人間関係」というテーマで話を始めますが、私の自己紹介をする必要がありますね。私は田村哲夫といいます。１９３６年2月26日に生まれました。何の日だか知っていますか？　二・二六事件の日の夕方に生まれたそうです。そんな歴史上の事件が起きた昔に生まれたのですから、要するにおじいさんです。君たちが高校を卒業する頃までは頑張れるかなと思っているので、６年間おつきあいをよろしくお願いします。

私が生まれ育った環境で他の人と多少違うと思っているのは、９人きょうだいということです。お兄さんがいて弟がいて、姉さんがいて妹がいる。それが私の人間形成に、大きく影響したのではないかと思います。一人っ子で育った人も学校の先輩後輩で同じ経験ができます。様々な人との関係が自分という人間をつくる上で大きな影響があり、人間関係が自分をつくりあげていくと知ることはとても大事です。

「かむかう」＝人の考えを参考に自分の考えを深める

昔の日本の言葉で「かむかう」という言葉があります。聞いたことがないと思うけれど、きょう紹介する本居宣長《もとおりのりなが》という江戸時代の学者が『玉勝間《たまかつま》』という本に書いています。「考える」という言葉の基になった昔の言葉で、古語ですね。最初の「か」に意味はなく、「むかう」という言葉が語源になっています。つまり考えるとは、自分が身をもってものごとや相手と向き合うことで、他人の考えをまねするという意味があるのです。人の考えを自分のものにすることから「考える」ことが始まっているということで、人とのつながりから生まれる精神的作用と言ってもいいのかもしれません。

人間にとって考えるというのは、とても大事なことでしょう。考える人になりたいでしょう。その出発点は人の考えを参考にすることなんです。実は日本語だけでなく、英語でもドイツ語でも同じようなことがあります。

英語で考えるってなんて言いますか。そう、think だね。似ている言葉があるんです。thank、thank you って言うでしょう、感謝する時に。考えるという言葉と、人に感謝するという言葉は、よく似ているんです。ドイツ語でも、考えるは denken、感謝するのは danken で語源が同じだそうです。実はハイデガーという哲学者がこのことを論文にしているので、なるほどと思ったのだけれど、日本語も同じなんですね。人の考えていることを取り入れ、人との関わりのなかで人間は発展していくんですね。友達やきょうだいとつきあうことが、考えを豊かにしてくれるのです。だから中1の学年テーマが「人間関係」なのですが、他の人の考えを参考にすると自分の考えが深くなるという意味で、きょう1時間目は二人の人を紹介したいと思います。

梅棹忠夫に学ぶ「ノートの取り方」

一人目は梅棹忠夫《うめさおただお》という人です。大阪にある国立民族学博物館の初代館長で、２０１０年に90歳で亡くなりました。『知的生産の技術』という著書は大ベストセラーで、１００刷を重ねたそうです。「考えるにはどうしたらいいか」というヒントを書いた本なのですが、具体的には情報の整理が人間の考える出発点だと解説しています。整理というのはorganize、整頓はadjustというのかな。整理するということは、考えることが頭に入ることなんです。整頓とはちょっと違う。中1には早いかもしれませんが、そういう本があることは知ってください。本の題は、京都大学の同僚で日本で最初にノーベル賞を受けた物理学者、湯川秀樹さんの言葉がヒントになったそうです。梅棹さんが雑誌の連載を始める際に、湯川さんが「それは一種の技術の問題ではないか」と助言したと、本に書いてあります

民族学博物館に、梅棹さんが子どもの頃に使っていた大学ノートが残っています。本校では、12歳の頃に梅棹さんが書いたノートのレプリカや資料を毎年この時期に借りていて、今年も1週間ぐらい図書室に展示されます。梅棹さんがどんな風に勉強したか、ノートのつけ方も分かって、とても面白いですよ。私がここで言いたいのは、ノートを工夫して取るということが、勉強する上で、とても大事だということです。それは、ものごとを整理して考えることだからですね。

エジソンを知っていますか、世界の発明王ですね。ある人が「あなたの考える力はどうや

って身につくのか」と聞いたら、その99％は努力で、1％がインスピレーション、ひらめきだと答えたそうです。この努力をパースピレーション（perspiration）というんだけれど、汗をかくことという意味があるんです。汗はあっというまに蒸発して乾いてしまいますよね。だから努力したことは残らずに忘れてしまう。それでも残る方法があるんです。ノートに書いておけば忘れない。授業で先生に話を聞いても、1時間たつと中身の5％ぐらいしか覚えていないそうです。あとは蒸発しちゃう。だからノートをつけて、その記憶をすぐ取り出せるような形にすればとても役に立ちます。そして、考えることがどんどん深まっていくんですね。これからの6年間は小学生の時とは違います。一生懸命覚えることより、先生から聞いた内容を自分でかむかう、つまり考えることが大事で、そのためにノートを工夫してうまくつけることが必要なのです。これで理屈が通ったね。わかりましたか？

この学校は中1で入った生徒のほぼ全員が大学を受験しています。だから君たちは、大

校長講話に合わせて、梅棹忠夫の関連資料を図書室に展示（幕張中高で）

学に行くつもりで中学から勉強してほしい。出発点が自分に適したノートづけを考えることで、その習慣を中学で身につけるのが、中高一貫教育をする意味でもあります。梅棹先生はノート以外にメモの取り方や書類の整理の仕方も提案しています。学問をする、勉強をすることの出発点のヒントを示しているので、ぜひ展示を見てください。

本居宣長が発掘した「大和心」

もう一人紹介するのは、先ほども出てきた本居宣長。文献学という学問を作った江戸時代の学者で、21世紀の今も非常に注目されている人です。学問をするには、人の行動や考え方を聞いて研究する方法があります。昔の人に会うことはできませんが、残してくれた考え方や文章を研究して学問を進展させる方法を文献学と言います。これを日本で始めたのが本居宣長で、44巻から成る『古事記伝』を残しました。日本人がどんな考えでどんな生き方をしていたのか、どんな文化を持っていたかを調べて明らかにしたのです。なぜそんなことが必要だったのかというと、当時は今と状況が似ているんですね。日本が歴史的に交流を深めていた中国は世界でトップクラスの文化を誇り、進んだ社会を持っていました。そこで日本人は中国のまねをしていたのですが、その一方で、日本の歴史が分かる代表的な書物である古事記などが、ほぼ誰からも読まれなくなって危険な状態に陥っていました。

明治以前に日本人が書いてきた本を国書と言います。宣長は、日本の文化がどのように成り立ってきたかを、国書を研究することで理解しようとしていました。『古事記』が完成したのは712年。『日本書紀』は720年、『万葉集』は759年頃で様々な身分の人が書いた和歌を残しています。『日本書紀』は漢文、つまり中国語で書かれている正式な日本の歴史書です。『古事記』と『万葉集』は中国語と日本語を交ぜて書かれています。本居宣長が活躍した江戸時代でも中国の儒教に代表される学問や文化が取り入れられており、こうした中国の影響を、宣長は「漢意《からごころ》」と呼びました。中国を意味する唐《から》の心です。これに対して、日本古来の精神を「大和心《やまとごころ》」と言って、それぞれ違うことをはっきりさせたんですね。女性が書いた世界最古の長編小説である源氏物語は、日本人の心を「もののあはれ」として表現しましたが、それを大和心として発掘し、分析したのが宣長なのです。

君たちが生きる時代では、世界で利用される英語をしっかり身につけるだけでなく、日本の特徴を学ぶ必要があります。なぜか。君たちが将来海外で活躍すれば、外国の人に必ず質問されます。日本人とはどんな人間か、日本文化の特徴とは何かと、必ず聞かれます。それぞれの国に独特の文化があり、日本にも独自の文化があると知った上で海外に出て行く必要があります。

宣長には「松坂の一夜」という逸話があります。江戸の賀茂真淵《かものまぶち》という国学者が三重県の松阪に立ち寄った時に宣長が駆けつけ、夢中になって語り合っていたら白々と夜が明けていたという話です。真淵は『万葉集』の研究者で、自分は高齢でもう時間がないから、若い宣長に『古事記』を研究してほしいと頼みました。その話が一晩中かかったのです。その後、宣長は『古事記』の研究を始めました。たった一夜で進むべき学問の道を志したのですから、人との出会いは大事ですね。

きょうは二人の偉大な人を紹介しました。梅棹忠夫と本居宣長。いずれももう生きていませんが、大きな足跡を残した人です。あなた方が大学へと続く学問の世界に足を踏み入れる時に、ぜひ知っておいてほしいと思います。

②学習について〜生涯学び続ける

アリの社会と人の社会の違い

皆さんには、先日梅棹忠夫さんのノートを図書室で見てもらったと思います。見ていない人はいますか？　いろんな工夫をしていましたね。前回も話しましたが、人間は一人一人が全然違う生き物だということを知ってほしいと思っています。それは科学的に証明されているることです。地球上に最初の細胞が誕生したとみられるのが約38億年前。その細胞は膨大な時間をかけて変化し、やがて多細胞生物が生まれてきます。君たちも37兆ぐらいの膨大な数の細胞が一体になってできていますね。一人の人間のすべての細胞に同じＤＮＡが入っているのですが、それは人によって全部違っていて、生命活動の設計図なのです。

もう一つ気づいてほしいのは、人間は社会をつくらないと生きていけないということです。地球上の生き物で、人間の社会と似ているのがアリの社会だそうです。研究者によるとアリの社会も分業になっていて、えさを集めるアリや、敵に攻撃されたら防御を専門にするアリがいるそうです。でもアリは、それぞれ違う生き方を好んでいるわけではありません。人間は、一人一人がみんな違うことを納得して社会をつくろうとしている。社会を継続しないと、人間は生きていけません。毎日生活していく中で、自分がつくったものが何かある？　何もないでしょう。社会を維持するために人間は知性を使うんです。学問的に私たちはホモサピエンスといいますが、サピエンスとは「知性」を意味します。

本能ではなく、知性で生きる「認知革命」

他の生き物は本能に従って生きていますが、人間は知性を使って本能で生きるのをやめたんですね。たとえばライオンはお腹が空いていれば直ちにウサギを食べてしまいますが、満腹だったら、前を通り過ぎても襲おうとしない。ところが人間は狩猟でいくらでもウサギを殺してしまう。「生きるために食べる」という本能をコントロールして、知性で生きるからそういう行動をとるんですね。ものごとの善し悪しも知性で決めますが、人間以外の生き物は本能で決めます。知性をきちんと育てないと人間は恐ろしい生き物になってしまうので、学校があるんですね。

人類の先祖は猿人といって600万年ほど前に生まれたらしいのですが、私たちホモサピエンスは30万年ぐらい前、アフリカのある場所に生まれました。知性を使うことの出発点は、ユヴァル・ノア・ハラリというイスラエルの歴史学者が『サピエンス全史』という本に書いています。その後進化したホモサピエンスは、発達した脳みそを使って「認知革命」を行いました。外部から受けた刺激を概念化して脳の中にためた知識によって生きることを選んだのです。

人間が人間らしくなった「大発見」

ダニエル・ブアスティンというアメリカの歴史家が『大発見』という本に、人間はあるものを発見して人間になったと書いています。何だと思いますか？　火。ああ、必ず出てくる答えの一つです。知性。それから言語、道具。なるほど。文字もあるね。文化。人間が生きるためにつくる社会の活動から生まれるすべてのものを文化というんですね。どれもある程度あたっているかもしれない。でもブアスティンさんが書いたのは、「時間」です。人は時間というものを見つけ出して、人間らしくなった。文化も時間を使えるようになってから生まれました。古代文明が興ったエジプトではナイル川が一年のある時期に必ず洪水を起こし、その後に肥沃な土地ができることから、その時期を予測することで農耕が発達し、高度な文明が築かれたと言われています。ナイル川沿岸の人たちは、洪水の時期で時間を意識したのかもしれません。人間が時間を意識した証《あか》しは、暦です。研究者はまず、その文化が暦を持っていたかを調べるそうです。時間を意識することで、過去と現在と未来を視野に入れて考えることができるからです。

身近な話をすると、1週間後に定期試験があるとしたら準備をするのが、時間が分かっている人の行動ですね。試験があっても、いまが楽しいからテレビを見てゲームをしているのは、まだ人間らしくなっていない人で、そのことを意識した方がいいですね。さて、暦はどうやってつくったでしょう。そう、太陽を観測してつくりました。実は天体の観察をすることで地図もつくれたんですね。そこで、きょう紹介する人が出てきます。

四千万歩の男～50歳を過ぎて学び、夢を叶えた伊能忠敬

伊能忠敬は江戸時代、日本中を歩いて測量し、独力で地図をつくった人です。江戸後期、長崎の出島に滞在していたシーボルトというドイツ人医師は忠敬のつくった地図を見て驚きました。天体を観測して正確な地図をつくるようなことは、ヨーロッパでしかできないと思っていたからです。びっくりしたシーボルトがひそかに国外に写しを持ち出したので、忠敬の地図は世界的に有名になりました。

忠敬は歩幅が約70センチになるように訓練し、歩数から距離を計算しました。移動しながら星の位置を観測すると自分の位置が分かるんです。忠敬は商売を一生懸命してお金持ちになっていました。50歳を過ぎて学者に天文学を習い、50歳代半ばからその知識を利用して日本の沿岸を何度も回ったので、作家の井上ひさしさんが『四千万歩の男』という小説の題材にしています。山の中に入って測量しなかったので平面図ですが、今見てもきれいな地図で

す。忠敬は千葉県の佐原《さわら》の人で、地元に記念館があるので、行ってみると面白いですよ。

地図をつくること自体は、今ならもっと正確なものが作成できます。忠敬の生涯から学ぶ最大のことは、200年以上前に「生涯学習」を実現した行動力ですね。英語でライフロング・エデュケーションというのですが、勉強することはいつ始めてもいいのです。

もう一人紹介するのは、ドイツのシュリーマン。この人も貿易商で、50歳近くになってから自分の資金で生涯の夢だったギリシャの古代文化の発掘を始め、見事に成功しました。その自伝『古代への情熱』が、君たちの夏休みの課題図書です。感想文を楽しみにしています。シュリーマンも生涯勉強した人で、語学の天才だったそうです。自伝には彼の勉強法も書いてあるので面白いですよ。大きなことを成し遂げた人を知ると、感慨深くなるでしょう。人に関心を持つことで勉強も深まっていきます。次回は本の話をします。

③「読書尚友」の楽しみ

今につながる『古代への情熱』

前回までに、考えることに優れた偉大な人たちを紹介してきました。夏休みの課題でシュリーマンの『古代への情熱』という自伝を読んでもらいましたね。君たちの感想文は全部読んで、なかなかよく考えられていると感心しました。今から約2700年前、古代ギリシャの詩人、ホメロスが『イリアス』という叙事詩にトロイ戦争について記しました。人類が残した最古の詩の一つです。その詩を基に、シュリーマンは、こんな戦争があったのだろうか、あったとすれば伝説の都市の跡が残っているはずだ、と考えて遺跡の発掘を始めたんですね。それは彼の一生の仕事であり、相当歳をとってからの挑戦でした。伊能忠敬とよく似ています。シュリーマンは非常に好奇心が強かったようで、開国して間もない日本をどんな国かなと面白がって見に来たということです。

数千年前の遺跡を発掘する考古学が何の役に立つのかと思うかもしれないけれど、今の時代とも様々な関係があるんですよ。たとえば、シュリーマンがトロイの遺跡を発掘した現在のトルコにあたる地域では、人々が既に定住し、農業を始めていました。それ以前は狩猟採集をして移り住みながら生活していたのですが、集落を作って定住することで、集落同士の争いが戦争になっていきました。

新型コロナウイルスで知られるようになった「パンデミック」の語源は、実はギリシャ語です。人間が1か所に集まって定住しなければ、恐ろしい感染症が爆発的に流行するようなことはない。パンデミックという言葉は、その時代に町をつくったギリシャの人たちの言葉から来ているんです。「パン」というのはギリシャ語で「すべて」、「デミック」は「人々」を意味する「デモス」から来ているそうです。民主主義、デモクラシーの基にもなった言葉です。歴史に関心を持つと、今の自分たちが、実は大昔といろんな意味でつながっていることに気がつくんですね。

考古学という学問が発達すると、数千年前の人たちが定住したことで起きたパンデミックにどう対応したのか、知りたくなるでしょう。ホメロスの『イリアス』を読むと、昔も今も人間は変わらないと知ることができますね。3000年近くも昔の人たちについて理解することが、自分で考えることにつながるんですね。

日本文学にも、世界に誇る素晴らしい作品があります。代表的なのが紫式部の『源氏物語』ですが、吉田兼好という人が書いた『徒然草』の十三段にこんな文章がありますよ。「ひとり灯《ともしび》のもとに文をひろげて、見ぬ世の人を友とするぞ、こよなう慰むわざなる」。『徒然草』が書かれた約700年前に、ロウソクの明かりで昔の人の書いた本を読み、とても心が慰められる、と書いている人がいる。本を読むのは楽しいことだと思えるでしょう。「読書尚友」という言葉も覚えておいてほしいと思います。昔の本を読むことは、優れた友達を持つことと同じだよ、という意味です。読書尚友。一生懸命読んでみてください。

過去1000年間で最大の発明をした人とは

西暦2000年を前に、過去1000年間で人類に一番大きな影響を与えた人が誰かというアンケートが世界の知識人を対象に行われました。誰が選ばれたでしょうか？

【スクリーンが下りてくる】

写真が出てきました。活版印刷を開発したグーテンベルクです。いかに文字が人間に大きな影響を与えたかが分かると思います。次に地図を見せましょう。ヨーロッパでは、文字で書かれた本などが1450年代、グーテンベルクの活版印刷によって人々に広まりました。それまでは一冊一冊手で写すか木版を使っていたのですが、活版印刷なら大量に本を作って内容を広めることができます。

グーテンベルクが活版印刷を発明した場所も重要です。ヨーロッパ大陸には、パリからモスクワへ行く道、ロイヤルロードと呼ばれる中核の道路があります。この道に沿っていろんな国が興り、ヨーロッパは豊かになっていきました。もう一本は、ローマからバルト海に抜ける道で、この二つの道路がヨーロッパの各地域の文化を伝達する経路になりました。不思議なことに、その交差点があるドイツのライプツィヒという町の近くで、グーテンベルクが活版印刷を発明したんですね。近くには、ルターが宗教改革を宣言した教会もあり、彼の主張が一挙に印刷されてヨーロッパ中に広がったのです。

ライプツィヒは地方都市でありながら、ドイツの国立図書館がある場所でもあります。第二次世界大戦後、ドイツが東西に分断されたため、西ドイツはフランクフルトに国立図書館をつくりましたが、統一後は、東ドイツだったライプツィヒに戻しました。その国立図書館はヨーロッパ文化を支えるようなすばらしい図書館で、活版印刷が発明された地だからこそ、再び設置されたのです。さらに、日本の岩波文庫がモデルにしたという有名なレクラム文庫も、ライプツィヒの出版社で生まれました。ドイツだけでなく、世界の書物の文化の中核だったのですね。今でも、ライプツィヒでは例年、世界的に有名な書籍見本市が開かれています。

活版印刷が生まれた地を指し示す

子どものための文学が生まれた

もう一つ、本に関する話をしましょう。人類は長い間、大人と子どもは同じ「生き物」だと思っていました。ところが、実は違うということが分かってきたんですね。それが最も典型的に現れた場所が、産業革命でできた近代の工場です。当時、子どもは力が弱く体が小さいけれど、大人と変わらないものだと捉えて工場で仕事をさせたら、悲惨な事件が起きました。子どもたちが身体だけでなく精神的なダメージを受けてしまったんですね。それで気がついたのです。大人と子どもは違う生き物だから、違う扱いをしなければならない。子どもの教育を考えなければいけない。このような考え方が世界中に広がっていきました。その頃、スウェーデンのエレン・ケイという女性の教育学者が『児童の世紀』という有名な本を書き、子どもの発達過程をきちんと扱わなければならないと主張します。今となっては当たり前のようですが、このことに人々が気づいたのが１９００年前後で、わずか１２０年くらい前ですね。その頃に何が起きたか？　きょうの話につながります。子どものための文学が生まれてきたのです。ドイツのグリム、デンマークのアンデルセンなどによる有名な童話が、広く読まれるようになっていきます。

子どものための本を作る運動は、日本にもありました。『赤い鳥』という雑誌を作って子ども向けの小説や童話を掲載し、本にして発刊するという運動が大正から昭和にかけて続きました。復刻本を買って持っているので、それを次回、全員に見せます。たとえば芥川龍之介など、有名な作家の作品もたくさん載っています。あなた方は小学生の頃からいろんな本を読んできたと思うけれど、子どものために文学が必要だという当時の考え方が背景にあったということを意識して、その心を生かしてほしいと思います。

本は大事だよ、一生懸命読んでみようよ。君たちはまだ若いし、子ども向けの本もたくさんあるから、今のうちにしっかりした読書をして将来大人になる道を歩んでほしいと思います。

④時代を超えて対話する

声に出して読む～読書の始まり

考えるということが「かむかう」という言葉から生まれたと前に説明しましたね。人の考えをまねするという意味があります。読書を通して本を書いた人の考えを参考にすることで、考える力がどんどん身についてくるんですね。これが人間の文化の特徴なんです。

これまでに、君たちが友達になってほしい優れた人たちを紹介しましたね。梅棹忠夫先生、伊能忠敬先生、シュリーマン先生、本居宣長先生、その先生である賀茂真淵先生については、「松坂の一夜」の話をしました。そういう素晴らしい人たちの考えについて読書を通して知ることで、豊かに考える力を身につけていくことができるのですね。

読書とは、声を出して読むことから始まったと言われています。では、日本の読書の始まりをちょっと君たちに聞かせてあげましょう。

【読経流れる】

つまりお経ですね。お坊さんが声を合わせて、節を付けて読経することを声明《しょうみょう》というんです。読経が日本の読書の始まりだと言われています。では、ヨーロッパではどうだろうか。グレゴリアン・チャントという教会で歌われる聖歌です。

【聖歌が流れる】

みんなでこのように歌ったのが、本を読むことの始まりだったと言われています。

読書に関しては、昔の中国で提唱された「三到《さんとう》」という言葉があります。効果的な読書方法として、こころを散らすことなく読む「心到」、眼でよく見て読む「眼到」、声を出して読む「口到」という心得で、書物の真意を悟れるとされています。そんなに一生懸命読めないという人もいるかもしれませんが、軽い気持ちで本を読むことにも、ちゃんと意味があるんですよ。

『群書類従』の功績

きょうは塙保己一《はなわほきいち》という人を紹介します。君たちに分かってほしいのは、文学がとても大事なものだということです。本をたくさん読もうと言っているのは、文学を知ってほしいからです。日本で書かれた国書を江戸後期にまとめて印刷した本を『群書類従《ぐんしょるいじゅう》』というのですが、編纂《へんさん》したのが塙保己一で、そのおかげで私たちは昔の人たちの考えを知ることができます。

実は『群書類従』の版木が収まっている温故学会の史料館は、渋谷の本校から歩いて15分ぐらいの場所にあります。私は君たちにこの変体仮名の資料を見せようと思ったので、出かけてコピーしてきました。手元にあるのが変体仮名です。日本の字には真名《まな》、仮名《かな》という種類があり、真名は漢字のことです。仮名にはひらがなとカタカナの2種類がありますが、ひらがなには当初、今は変体仮名と呼ばれる文字が使われていました。仮名は表音文字で、アルファベットと同じです。変体文字は今見ると、ちょっと読みにくいでしょう。昔はこういう文字を読んで勉強したわけですね。

『群書類従』は数十冊に編集され、本校の図書館にもあります。中国から取り寄せた本を中国語を学んで読んだのが、日本における読書の始まりです。それが次第に、自分たちの言葉で考えたいと思うようになってきたんですね。8世紀には、「記紀」と呼ばれる『古事記』と『日本書紀』、それに『万葉集』が書かれました。それから江戸時代の終わりまでに日本人が書いた本を国書といいます。

『古事記』『日本書紀』の少し後につくられた日本最古の物語『竹取物語』や『土佐日記』なども『群書類従』に収められています。保己一が編纂した頃には、『枕草子』や『徒然草』『方丈記』もどれが本当の文章か分からなくなってきたような時期で、調べるのが非常に大変だったそうです。とても素晴らしいことをしてくれた人です。

そういう国書があることを私たちは忘れないで大事にしていかなければなりません。なぜなら、ここから日本の文学は花開いていったのです。夏目漱石も、君たちが読んでいるライトノベルも、これらの国書が地盤になっているんです。ですから、読みやすい現代語で書かれた本をまず読んで、そのうち必ず飽き足らなくなるから、昔の人の書いた本も関心を持って読むようになると思います。

塙保己一は全く目が見えない人でした。目が見えず、耳も聞こえない、話せない、という三つの障害を持っていたアメリカのヘレン・ケラーは、お母さんから「日本には目は見えないけれど勉強して大学者になった塙保己一という人がいる」と聞かされたそうです。ヘレン・ケラーが来日した際に希望して、『群書類従』の版木が残されている史料館を訪れた時の写真があります。

⑤顔と国際理解

マスクとアイデンティティ

きょうは1年生の最終回ですね。昨日、英国大使館の首席公使に挨拶をするために出かけたのですが、その警備は厳重なものでした。ウクライナの国旗も掲げられていて、そうだ、戦争が起きているんだ、と実感しましたね。いま私たちが学んでいる「自由」に深く関わる戦争です。その自由には、自己選択、自己決定という趣旨が多く含まれるのですが、自己選択できることが一人一人の幸福につながるのです。

我々人類、ホモサピエンスは他の生き物と違ってものすごく時間をかけて成長していきます。20年ぐらいかけて大人になるのですが、12歳～18歳頃を青春の時代と言います。英語で言えば、ヤングアダルトですね。その時期の最大の課題は、アイデンティティの発見です。中高生時代は、自分とは何だということを見つけ出す時期ですから、この学校では自調自考という言葉で学校生活の目的を表しています。自己を認識し、アイデンティティをつかみとりながら、自分で学んでいくのです。校長講話はあなた方の成長過程をお手伝いできればということで、リベラル・アーツを中心に色々考えてお話ししています。

中1のテーマは「人間関係」ですが、今君たちはつらい思いをしていますね。新型コロナウイルスの感染防止でマスクをしていると、コミュニケーションが取りづらいよね。そのマスクが意味するものは、欧米と日本では違うそうです。欧米では目元を隠すことが多いのです。バットマンとか怪傑ゾロとか。ところが日本のマスクは昔から、鞍馬天狗のように口元を隠し、目元を出す。原島博という東大の先生が、「日本顔学会」を立ち上げました。麻布中高の後輩でもある彼によると、口元は感情表現を表し、目元はその人を識別する部分だそうです。欧米の人は、マスクで口元を隠すことを強制され、とても嫌がったようです。日本人は同調意識が強いので、それほど苦にならないのかもしれませんね。

いろんな人とつきあう中で、相手を理解することが考えることの始まり。読書をすれば、何百年も前の人でも友達になれて、それが考える基礎になる。歴史を学ぶことは、それぞれの人が生きた物語を知ることで、いろんな人の考えに触れて、人間って全然変わらないな、と理解する。同時に、とんでもないことを考える特別な人もいるんだな、ということも分かるんですね。過去の人々が様々な問題にどのように答えを出したか知ることも、大いに参考になります。

顔に関連して雑談をしますと、アメリカの行動経済学者が来日した際の講演で、「ハッピー・ピープル・リブ・ロンガー」という言葉を聞いたことがあります。「幸福な人は長生きする」という意味で、ニコニコしていれば長生きできることを、統計的に分析したそうです。くよくよしたら、鏡を見てニコッとして、いい笑顔をしていたらオッケー。そうしたらハッピー・ピープルになれるのです。顔の力は絶大ですね。

最後に言葉について。ドーデというフランスの作家の『最後の授業』という小説の一部を資料として配ってありますが、後で読んでみてください。フランスのドイツとの国境近くで暮らしていた人々が、ドイツに占領されてドイツ語を使わなければならなくなった苦しみを描いていて、言葉について考えてもらえればと思って紹介してあります。

2章　中2「自我のめざめ」

①ヒューマニズムの火を灯せ

自分が気になる年代の君たちへ

中学2年生は「自我のめざめ」が1年を通してのテーマになりますね。いま13〜14歳ぐらいの君たちの年代は成長の度合いがかなり進んでくる頃で、大きく変わる時期です。英語では19歳までをティーン・エイジャーと言って、日本では青春時代ですね。人生を1年の四季に分けると、あなた方の年代はちょうど春の時代で、春というのは青色だと中国の人たちが決めたんですね。それで青春という言葉ができました。秋は白で、北原白秋という詩人の名はそこから取っているんです。

自分が気になりだす。それが青春の特徴です。同じように生活しているにもかかわらず、友達をみてもそれぞれ非常に違っていきます。実はこれは人間にとってとても大事な時間なんです。自分が気になりだして、自分という人間をなんとなく理解する。難しい言葉では自己認識といって、とても大切なことです。自分が気になり、自分を見つめていく時の悩みが自己認識の出発点です。この時期を乗り越えて、人間、ホモサピエンスとしての精神、心ができあがっていきます。不思議ですが、これが生き物としてのホモサピエンスの特徴です。

きょうは三つの資料を用意しました。最初の資料は「ヒューマニズムの火を灯せ」という文章です。少年時代に戦争を体験した男性が30年余り前、当時中学生だった息子に宛ててつづったもので、日常の小さな勇気で弱者をいたわり、ささやかでもヒューマニズムの火を灯すことで、戦争を繰り返すような事態を回避できれば、という理想を説いています。これを読んで、ヒューマニズムとは何だろうか、と考えてもらいたいと思いました。中1の時に、人間は約37兆もの細胞で成り立っているという話をしましたね。生きているということは、その細胞が入れ替わって刻々と変化していくことで、人間は赤ちゃんとして生まれて、どんどん変わって一生を終えるわけです。どういう風に変わるのか、その大事な目的が、ヒューマニズムという言葉で表されているのだと思います。

私は、いま大きく変わろうとしている君たちにとって、一番大事な考え方がヒューマニズムだということをまず申し上げたいんです。その理解については、お互いにいろんな資料を参考にして、これから考えていきましょう。いまはヒューマニズムということ、そのおぼろげな中身について、こういう考え方があるんだなと分かってくれれば結構です。

資料の二枚目は吉野源三郎の『君たちはどう生きるか』という本の前文です。これはいま読む必要はありません。夏休みに校長が出す課題図書になりますから。読書感想文を私も読みますが、「題を聞いて読むのが嫌だなと思って読んでみたらとても面白かった」というのが典型的な感想です。この本は80年以上も前に書かれていますが、登場人物の年齢は君たちとちょうど同じ年頃です。読者の一人一人に、君たちはどう生きるかと、問いかける内容です。

自分に誇りを持って生きる～成人への準備段階

昔の人は、人間が頭ではなく、内臓で考えると思っていました。脳に関する知識はなかったので、そう考えるのは自然なことで、悩みがあると胃が痛くなるし、楽しいことがあると食事がおいしい。だから考えることは内臓とつながっていると思っていたんですね。

心身の発達、とよく言うでしょう。体格と考える力がバランスよくできあがる頃が成人ということで、人間としてできあがる時期なんです。成人は、カントというドイツの哲学者がよく使っていた言葉です。自分で考えて自分のことを決められる人が成人、その前の段階で、自分のことを決められない人が未成年。意識的に体と心のバランスが取れるようになる手前の時期が青春なんです。校長講話では中２のテーマを「自我のめざめ」にしていますが、『君たちはどう生きるか』には、その時期の若者の様子や、自分で考えて生きるようになってほしいという期待が書かれています。

きょうはもう一つ資料を差し上げています。石垣りんという人の「表札」という詩です。石垣さんは銀行員として働きながら多くの作品を発表した詩人で、母やきょうだいと若いうちに死別したそうです。肉親の情に恵まれない中で懸命に生きてきた中で考えたのは、私たち一人一人は心の中に生きる誇りを持ち、自分という表札を掛けて生きているようなものだということでした。ちょっと難しい言葉ですが、自分を大事にし、自分に誇りを持つ気持ちを表す「矜恃」が意味するものと重なります。

②個人と社会

認知革命を起こした人類

ホモサピエンスという言葉には知性という意味があり、認知の力を身につけた生き物を表します。約30万年前に生まれて7万年ぐらい前に認知という作業をするようになりました。人間が考えるようになったことを、ハラリという歴史学者は「認知革命」という言葉で表現しているのですが、それは大体7万年ぐらい昔からではないかと言われています。認知というのは、英語でコグニション（cognition）と言いますね。いろんな外界の刺激を概念という形に変えて脳みそに落とし込むことです。本能に従うことをやめ、概念としてためた知識を使い始めた人間を「認知革命を終えた人間」とハラリは言っています。

その認知革命の証拠とされているのが、各地に残されている岩絵ですね。自分の見た風景や動物を絵にして残しているんです。絵に描けるのは、外界からの刺激を、難しい言葉だけれど概念化、あるいは抽象化して、脳みそのある部分にため込むことができるからです。人間の脳は、主に前頭葉と言われる部分が異常に発達し、そこにためたものを私たちは知識と言っているわけです。その結果、人間、ホモサピエンスの生き方が変わりました。それまで地球上のあらゆる生き物は、子孫を残すという細胞の本能に従って生きていたのですが、知識に従って生きるという道を選択するのです。それが、「どう生きようか」「どう人生を送ろうか」と私たちが考える理由です。君たちはどう生きるか、という質問に答える生き物は人間だけなのです。

霊長類学者の河合雅雄《かわいまさお》さんは、人間は不自然な生き物だと指摘していました。人も自然の一部なのに、反自然的な不思議な生き物だと。他の生き物は悩むことはないけれど、人間はどう生きればよいか悩む。だからこそ、君たちは学校に行っていろんな知識を身につけて、自分の根っこにしておかなければならないのです。一番分かりやすいのは、いろんな人の生き方や考え方を文章にして残した文学を読むことです。近代文学は19世紀、フローベールという作家が作品を書いた頃から始まったと言われていますが、現在残されている近代文学の作品のほとんどは、一人一人がどう生きたかを包括的に説明するものとして書かれているんですね。どう生きるかについて間違いなく参考になる知識です。なかでも自叙伝は大変参考になります。新井白石が江戸時代に書いた『折たく柴の記』などは近代的な日本人の代表的な自伝と言われています。福沢諭吉やお札になった渋沢栄一も書いています。

宮沢賢治の思想～幸福とは

きょうの資料の中に、『グスコーブドリの伝記』という宮沢賢治の童話の抜粋があります。面白そうだと思ったら、ぜひ本を読んでください。賢治は明治29年に生まれて、昭和8年に亡くなりました。37年しか生きていません。君たちが今年の夏は宮沢賢治の童話や詩を全部読もうと思ったら読めるぐらいの作品しか残しませんでした。生前は無名で、亡くなってから非常に評価が高くなった人ですね。たとえば『グスコーブドリの伝記』は宮沢賢治の自伝的作品と言われています。主人公のブドリは賢治そのもので、自分のことを書いたのだと。

賢治を理解するために興味深い童話なのですが、そこでうたわれているのが、ヒューマニズムではないかと思います。どんなものごとについても、人間全体にとってどうかということをまず考え、そこからいろんなことを考えていく。私たちの生きる社会でも、コロナによって行動の自由が制限された際には、経済の維持のためにそれでいいのかという議論がおこりました。知識だけで判断すれば、どちらがいいとは言い切れない。人間にとっては、どうすればいいのか。宮沢賢治の作品が問いかけたヒューマニズムのあり方は、時代の変化に応じていろんな形を取っていきます。

幸福というのは人生を生きる上で重要な要素で、国連の機関が世界中の国の幸福度を調べて発表しています。ここ数年は世界一幸福なのはフィンランドということですね。指標になるのは経済力に加えて、困ったときに人を助けるような仕組みができているか、人々が健康に長く生きているか、そして社会全体が寛容さを持っているかどうか。なかなか調べるのが難しいと思いますが、数値化すると、日本はあまり上位ではなく、こんなところかなという順位ですね。実は人間を幸福にするのはものすごく簡単なことなんです。科学的にはドーパミンを注射するとみんな感情的には幸福になります。でも、それでは何の意味もありませんね。まず自分の人生を意味のあるものだと青少年のときにちゃんと考えているかどうか、そしてその人生をしっかり送っているかどうか。自分の人生の意味を見つけて、そのことが周囲の人や社会に良い影響を与えられればいいですね。ヒューマニズムの思想こそが幸福につながるのだと私は思います。

③進取の気性

テラ・インコグニタ〜知らない領域へ

コロナの関係で日程がずれたりしますが、行事もやりくりしてできるようになってきているのは、とてもいいことだと思っています。学校というのはね、新しいことを学ぶ、知らないことを知る、行ったことのないところに行くという楽しみがあって、わくわくする所なんですよ。

ところが勉強ばかりしていると、楽しいと思う気持ちがやっぱりなかなか続かないんだよね。それで少しチェンジ・オブ・ペースというかな、行ったことがない場所に行ってみるとか、運動会や学園祭をやるとか、今までやっていないことをやるわけです。それで楽しい気持ちがまた戻ってくるんですね。行事が終わった皆さんの顔をみると、やっぱりちょっと元気が出ているんじゃないかという感じがします。きょうは、その元気が出てくる感じがする君たちのもとで校長講話を展開してみたいと思います。

わくわくドキドキする気持ち、新しいことを知る時に高揚する気持ち、これらは人間にとって、とっても大事なことなんですね。特にあなた方は1年を四季に例えると、まさに出発の春のただ中にある。身体的、精神的な成長・発達が高まる時期です。

人と関わるということが、考えることの本質なんだという話をしました。たくさん友達をつくれば、考えが深くなります。考えるというのは一人でやっているわけではなく、いろんな人との交流から発展して、自分の力をつけるために考える作業を強く推し進めようという気持ちが、人間の中にはあるんですね。

新しいことに興味を持って取り組もうとする気持ちを「進取の気性《きしょう》」と言います。英語ではイニシアチブ（initiative）、あるいはアントレプレナーシップ（entrepreneurship）。難しいけれど覚えておくといい言葉に、テラ・インコグニタというラテン語もあります。テラは領域、インコグニタは知らない、認知できていない、という意味で、テラ・インコグニタは「知らない領域」を表します。人間は知らないところを知ろうとする生き物で、そんな気持ちを進取の気性って言うんですね。この言葉を聞いたことのある人は？　早稲田大学の校歌に出てきますよ、進取の精神。非常に大事な気持ちなんです。

大航海時代は歴史の転換点

歴史上に、進取の気性で支配されていたような代表的な時代があります。それがヨーロッパの大航海時代で、１４２０年から１６２０年頃を指します。１４９２年にアメリカ大陸をコロンブスが発見したのは知っていますね。「イヨクニ」のごろ合わせで覚えれば一生忘れない、と私も中高の先生に言われました。新大陸発見よりも70年くらい前から大航海時代は始まっています。ヨーロッパの人々が大西洋を越えて新大陸の金とか銀、宝物を手に入れ、キリスト教を伝えようとしました。移民として渡ることも含めて、夢中になって活動するのです。もっとも、そのために現地の人たちにはいろいろ迷惑をかける状況も生じます。

ピューリタンというイギリスのキリスト教信者たちはメイフラワー号で大西洋を渡り、アメリカ大陸にたどり着きました。その地を母国になぞらえてニューイングランドと呼んだわけですね。その１６２０年を、一応大航海時代の終わりとしています。日本では大航海時代の前半の頃、明と盛んに勘合貿易を行っていたのですが、１６３５年に江戸幕府が鎖国政策をとっています。

大航海時代の後、世界は大きく変化し、ヨーロッパは大変豊かになりました。新大陸の産物が蓄えられたという物質的なことだけでなくて、新世界に渡った人たちの進取の気性、これが歴史の転換点になったということを伝えたいのです。

私たちが生きている時代はまさに、個人個人の力を頼りにしている時代です。ですから、自分で考えて判断し、行動できる力の基礎を中学高校時代に学んでほしいと思います。たくさん本を読むことも、進取の気性につながります。『ぼくはこんな本を読んできた』という立花隆さんの本の一部を資料にして渡していますし、野口悠紀雄さんの『「超」勉強法』という本の抜粋もあります。学校というのは、新しいことを勉強して楽しく過ごすところであることも、忘れないでください。そういう学校にするのは、君たちの力です。

④個性とは何か

自分を分かるのは自分しかいない

きょうの講話の資料に、瓢簞《ひょうたん》というものがでてきます。今まで見たこともないという生徒がかなりいるので、現物をいつも見せているわけです。今まで触ったことのなかった人はいますか。初めて見た人は?　相当数いるね。写真も回しましたが、ツルにぶら下がるようにしてなるんです。昔から日本人は、この瓢簞を色々なことに使っていたんですね。一番有

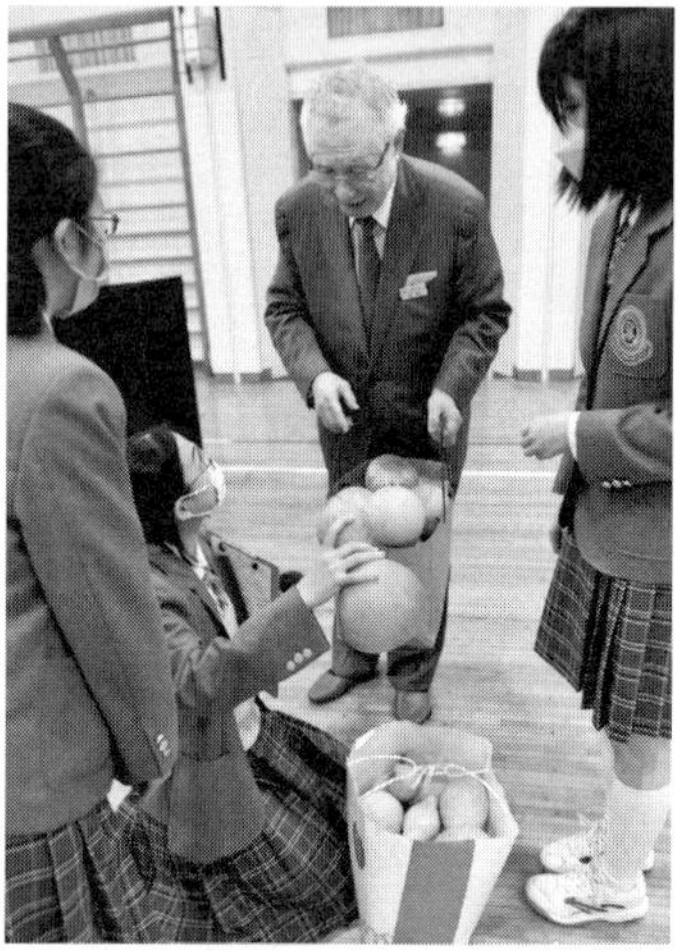
講話の後、生徒たちに瓢箪を見せる

名な使い方は何ですか？　そう、水筒なんですが、一番それを利用した人は、答えを言ってしまおう。豊臣秀吉です。軍隊の馬印として掲げたのが千成《せんなり》瓢箪なんです。

その瓢箪を観賞したり、手を入れて磨いたりする人もいます。資料にある小説『清兵衛と瓢箪』に出てきますから、なんとなくわかるかな。これがきょうの主題の話です。

夏休みに『君たちはどう生きるか』という本を読んで感想文を書いてもらいました。私も全部に目を通しました。「どう生きるか」。これは人間にとって、とても重要な目標なんですね。君たちも、既に歴史が残してくれた生き方も参考にして、本格的に自分の生き方を考える時期に入ってきているのです。

20世紀最大の発見の一つに、ＤＮＡの発見があります。ワトソンとクリックというアメリカとイギリスの二人の天才科学者が１９５３年、すべての人間の細胞にあるＤＮＡの二重らせん構造を発見したんですね。この二人はもちろんノーベル賞をもらいました。ＤＮＡというのは生命活動の設計図で、一人一人みな違っています。ですから、自分がどういう人かを分かるのは自分しかいない。同じ人は一人もいないということを、みんなが知った上で社会をつくっているのが人間なのです。

一人一人が違うということは、個性を持っているということですね。この個性は自己同一性、英語で言うとアイデンティティにつながります。あなた方の年代はどんどん成長していくように見えるけれども、一人一人をよく見ると、それぞれの特徴は変わっていない。それに気がつく「自我のめざめ」の時期が来ているから、つまらないことで反抗したりするわけですね。親が言うこととわざと違うことをするとか、絶対に言うことをきかないとかね。それもアイデンティティに気がつき始めたからなのです。自分が人と違うことを意識した上で、その違う人間が社会をつくることに大きな意味があると気がついていきます。みんなで社会をつくっていかないと、人間としての成長は成り立たなくなるからです。それが今、校長講話をやっている意味なのです。

自分の個性に気づく

自我のめざめ、つまり自分の特徴に気がつくことを文学として描いた作品があるんですね。

資料にある志賀直哉という作家の『清兵衛と瓢簞』という小説です。瓢簞に非常に興味を持って素晴らしく手入れをしたのに、何もわからない大人から否定された少年の物語です。一人一人の特徴や個性を理解しない大人と、自分の個性に気づき始めた少年の姿が描かれています。そのくらいの年齢で、自分の個性や特徴を伸ばすことの大切さに気づいてほしいという思いが込められています。こうした文学作品は、自分の個性について考えるためにも参考になります。

日本文学は明治維新を境に大きく変わりました。文語体ではなく、通常使っている現代の言葉を使おうという動きが起こり、その中心になったのが夏目漱石でした。漱石の大事なお弟子さんの一人が、きょう取り上げた志賀直哉で、日本文学を最もきちんと書く作家として有名です。多くの作家が志賀直哉の作品を書き写して日本語の練習をしたという逸話があるほどです。漱石以降、日常語を使った文学作品として非常に洗練された素晴らしい文章を書いた作家なんですね。不思議なことですが、アメリカのノーベル賞作家で『老人と海』などを書いたヘミングウェイのパリ時代の短編小説と志賀直哉の短編小説は、とてもよく似ています。アメリカの文学が豊かに実ってきた時代の作家がヘミングウェイですから、そういう意味で共通しているのかもしれません。

⑤異文化との出会い

『夢十夜』が映す明治人の苦悩

今回は中2の最後の校長講話になりますね。あなた方はこの年代で、自分というものに気がつきだしていることでしょう。同じ人が一人もいないことは科学的に証明されています。君たち一人一人は37兆の膨大な細胞がくっついてできた多細胞生物で、2、3日で細胞は剝がれ落ちて新しくなるんですね。それが人間が生きているということです。

自分について少し深く理解するために、日本について考えたいと思います。島国で四季に恵まれて気候がよくて、しかし地震が多く、台風も多い。この風土の中で培われてきた社会の活動を、日本文化というんです。世界中のどの国でも、その地域の風土、環境が文化に影響を及ぼします。

私は日本ユネスコ国内委員会の会長を務めていたので、定期的にパリのユネスコ本部で開かれる総会に参加していました。いろんな人と知り合うわけですが、ちょっと親しくなると他の国の人から必ず聞かれることがあります。日本はどうして自分の国の文化を守りながら欧州の文化を導入できたのですか、という質問です。これは確かに不思議議で、日本の旧来の文化を守りながら欧米の新しい考え方を導入したのは簡単なことではありませんでした。明治の初期、進んだ理解をした人たちは全員苦しんだのです。その代表として夏目漱石を紹介します。小説に残してくれたから、いま作品を読むと当時の時代背景がよく分かります。

『夢十夜』は１９０８年、朝日新聞に連載された小説です。第6話が印象的だったので、資料にしました。その頃、ヨーロッパと日本を含む東洋が違うということを典型的に表したのがアヘン戦争でした。もう習っているかな？　イギリスが香港から北京まで攻め上がり、中国は完膚《かんぷ》なきまでに負けるわけですね。イギリスの兵隊は約2万人、中国の兵隊は約20万人いたのに負けた。これがヨーロッパとの差です。組織をつくって戦争をすると全くかなわない。その背景に、「ライシテの原則」というものがあるんですね。ヨーロッパでは17世紀、旧教と新教という宗教の対立が国という組織を巻き込んで、三十年戦争という悲惨な戦争がありました。この戦争で、地域の人口の3分の1が失われたと言われています。１６４８年、国の仕組みが宗教によって支配されないというライシテの原則に基づき、各国はウェストファリア条約を結びます。宗教ではなく利害関係において国と国はつきあおうという、いわば「政教分離」の約束です。個人の自由を基盤にした近代国家は、ここから生まれたと言われています。

ホモサピエンスの歴史の中で、宗教は2500年ぐらい昔に生まれました。何のためにつくられたか。フランスの大学入学資格試験、バカロレアの哲学の問題にも出る基本的な問題です。哲学者のデカルトは、人間の欲望とは何かを問いかけました。それが哲学の重要な課題なんです。一人一人の人間が欲望に基づきやりたいことをやったら人間の社会はめちゃくちゃになってしまいます。どう欲望をコントロールするか考えたのがイエス・キリストで、大天才です。ブッダも大天才です。儒教では孔子という人が、欲望をコントロールするやり方を示しました。何かを信じて欲望をコントロールしないと、一人一人違う人が社会をつくれず、ホモサピエンスは滅びてしまう。しかし、過大に宗教が働くと、ライシテの原則が必要な事件が起きてしまいます。

ヨーロッパの人たちは国同士の約束には宗教を介入させないようにしようと誓い合い、その頃から近代科学の精神も大学を中心に育まれてきました。宗教が支配する社会が変わったヨーロッパと、変われなかったアジアの違いがアヘン戦争の結果に出たわけです。

日本は東洋的な宗教の中で生きてきましたから、東洋の文化を持ちながら、新しい西洋の文化を導入できないかと悩みに悩むわけです。その悩みの一端が、夏目漱石の小説『夢十夜』に登場するのです。連作の第6話は典型的な作品ですが、書かれた当時よりも後になってから、これは大変なことを言っていると、人々が気づいたそうです。鎌倉時代の木の中には仁王様がいて、仏師は彫り出すことができたのだけれど、明治の木からは彫り出せなかった。仁王様はもういないのだと、象徴的に言っているんですね。鎌倉時代は東洋の宗教が文化的にしっかり根付いていましたが、明治では失われていた。明治の人たちは迷いながらも東洋の文化をなくしていったのです。しかし、それに代わるものがないことが、作品からうかがい知れます。人間が生きていくために宗教は必要だったのですが、それまでの宗教のままでは通用しないという葛藤もありました。

"二つのJ"の狭間で

漱石が抱いたのと同じような悩みが、3冊の本に残されています。その1冊目が、五千円札に肖像が載った新渡戸稲造の『武士道』ですね。戦前、国際連盟の事務次長をしていた国際人です。日本文化とは何か、というアメリカ人の質問に答える形で書かれたのが、この作品です。大変評判になって、世界中で読まれました。当然、原文は英語で書かれて、日本では翻訳されています。日本人は四つの島の自然の中で育まれて何を考え、何を大事にしてきたか。明治の日本人にとって、新たに必要になるものは何なのか。慌てて日本人全体が心の入れ替えをしようとして悩む過程は今日も続いています。それが日本人の特徴で、他の国にはあまりないことですね。

2冊目は内村鑑三という思想家が書いた『代表的日本人』です。リベラル・アーツで有名なアメリカのアマースト大学を卒業した人で、日本人にはどういう特徴があるかということを、日本文化を紹介する形で英語で書いています。内村鑑三は、「二つのJ」という考え方を打ち出しました。一つは自分が信仰していたキリスト教、つまりジーザス・クライストの「J」、もう一つはジャパンの「J」で、旧来の日本、伝統的な日本文化を表します。たとえば、時代は少し異なりますが、ブルーノ・タウトというドイツ人の建築家は戦前に日本に来て、こんな言葉を残しています。人類は偉大な二つの宝を持っている。一つはギリシャのパルテノン神殿、もう一つは伊勢神宮の本殿だと。日本の文化は人類の宝になるようなものを残しているのです。これがジャパン。だから一挙に全部なくすわけにはいかない。しかし、アヘン戦争で、キリスト教がつくった欧米の文化を入れなければ危機的な状況になることが明らかになりました。それで二つのJが存在することになったわけです。内村鑑三は、「真理は一つの中心を持つ円ではなく、二つの中心を持つ楕円である」という主張をしたことでも知られています。

芸術関係でいうと、上野にある東京芸術大学の前身、東京美術学校をつくった岡倉天心が、日本の文化をなんとかして残していきたいと『茶の本』を英語で書きました。原文で読むと当時の日本人の悩みがよくわかって面白いと思います。こうした悩みの上に、私たち、今の日本人があるのだと。それをよく理解して、君たちなりの結論をだしてください。先人の苦しみをきちんと考えて消化できれば、世界の人に伝えられるでしょう。

実は日本の経験は、今後も世界中で起きると思います。いろんな意味で発達の度合いの違う、異なる文化が交流する時代です。明治維新の時に日本人はおそらく世界でも早い時期に、極端な形で違う文化の刺激を受けました。日本人にとっては大事な経験だったのです。君たちが生きるグローバル社会で、その歴史を考えることが、大きな力になるでしょう。

3章 中3「新たな出発〜創造力の翼」

①独創力を育てる

二つの「時」クロノスとカイロス

中3になると皆さんは「Bブロック」に入ります。この学校では中高の6年間を三つに分けていますが、その二つ目の段階です。中学1、2年生のAブロックは懇切丁寧に教えて、まず理解してもらうことが目的でしたが、Bブロックはある程度自主的に予習や復習をきちんとやってくれているという前提の授業が展開され、スピードも速くなります。すべての人が受けることを前提につくられた義務教育が終わりに近づいてきています。中3になると高校段階の学習が入ってきてスピードもアップしますから、ちゃんと予習復習をしないと分からなくなるところが出てきます。それが、中3の校長講話のテーマを「新たな出発」としている理由です。新しい段階に入ることを自覚してほしいのです。

これは時間がたったから起きる現象ですね。一人一人が成長していくのに応じて学校も授業のやり方、生活の仕方を変えていくわけです。中1の時に『大発見』という本を紹介しました。その中に書いてあることですが、人間が人間らしい文化をつくり上げることができた最大の原因はなんでしょう。何に気がついたからだと思いますか。そう、時間。覚えてくれていたね。時間があることに気づいたんですね。他の生き物は時間を意識して生活しているわけではありません。

いまから2500年ぐらい前のギリシャ半島を中心にギリシャ哲学が生まれて、いろんなことを考える人たちが時間についても議論しています。ギリシャの人たちは、時間には2種類あると考えたようですね。「クロノス」とは宇宙を意味する言葉で、過去から未来へと一定速度、一定方向に機械的に流れる時間を意味します。時間というのは誰にとっても不変でどんどん流れていくものです。ギリシャの人たちは、もう一つ時間があることに気づいたんですね。それが「カイロス」で、速度が変わったり繰り返したり逆流したりする人間の内的な時間とされ、チャンス、タイミングなど、人間の時の生かし方を表す言葉でもあります。楽しい時間はあっという間に過ぎてしまう。辛い時間はなかなか過ぎない。人によって時間は延びたり縮んだりしますね。ギリシャ哲学の考え方の一つとして、クロノス、カイロスという言葉と一緒に今に伝わっています。そこから時間を支配するという考え方が生まれてきて、多くの政治権力者が人の時間を支配しようとしました。私たちの国でも元号というものが続いてきました。それは支配者が一般の人の時間を支配するという考え方から生まれているんですね。古代ローマでも毎月の暦で権力者が時間を支配しており、人々はヤヌスという神様をまつっていました。

【スクリーンにヤヌスの画像】

ヤヌスの神は二つの顔を持っているんです。暦で言うと1月のJanuaryという呼び名の基になっているのがヤヌスで、最も偉い、時間を支配する神ですね。

モーツァルトもまねをした

きょうの中心の話に移ります。なぜ学ぶのか。模倣という言葉は、あまりいい意味では使われないのですが、決められた形を学ぶことで、そもそも学ぶという言葉は「まねぶ」からきたと言われています。決められた公式や定型をまねすることから、学ぶことが始まったというわけですね。数学で言えば決められた公式、国語で言えば言葉の意味や定型を知る。模倣がまねぶことの出発点。最初から新しいことを考えつくなどということは、誰もできないのです。

天才作曲家のモーツァルトも、若い頃には、先輩の素晴らしい曲を繰り返し聴いてまねした曲を残しています。模倣を繰り返す中から、ある年にピアノ協奏曲第23番という曲を突然つくるんですね。それまでの曲とは懸け離れた素晴らしい精神性のある音楽で、次回の講話で実際にお聴かせします。それ以降は、さすが天才という曲が連続してつくられたのです。彼は若くして、その最盛期に亡くなってしまいます。

モーツァルトの素晴らしい曲の数々は、創造力でつくられたものです。英語で、模倣をイミテーション（imitation）、創造をクリエーション（creation）と言います。学ぶがまねぶから来ているのは、まねることから始まるからなんです。この構図を少し説明します。

人間の能力が認知能力と非認知能力に分かれるということは聞いたことがありますか？ＡＩと言われる人工知能は、過去に人間が行ったことを蓄積した膨大なデータを駆使して共通項を出します。これが認知能力で、多くの人の経験を活用し、失敗しないようなやり方を見つけ出すことです。ところがＡＩがまねをしながら積み重ねていくやり方は、今のところ、非認知能力の代表である創造力の壁を越えられていません。創造まで飛躍できない。ここに

●非認知能力とは何か

学術的な呼称	一般的な呼称
自己認識（Self-perceptions）	自分に対する自信がある、やり抜く力がある
意欲（Motivation）	やる気がある、意欲的である
忍耐力（Perseverance）	忍耐強い、粘り強い、根気がある、気概がある
自制心（Self-control）	意志力が強い、精神力が強い、自制心がある
メタ認知ストラテジー（Metacognitive strategies）	理解度を把握する、自分の状況を把握する
社会的適性（Social competencies）	リーダーシップがある、社会性がある
回復力と対処能力（Resilience and coping）	すぐに立ち直る、うまく対応する
創造性（Creativity）	創造性に富む、工夫する
性格的な特性（Big5）	神経質、外交的、好奇心が強い、協調性がある、誠実

出所：Gutman, L. M., & Schoon, 1. (2013). The impact of non-cognitive skills on outcomes for young people. Education Endowment Foundation をもとに中室牧子・慶應義塾大学教授作成（『「学力」の経済学』より）

大きな壁があるんですね。実は人間には、壁を越える力があるのです。だから模倣という方法で、他の人のしていることを一生懸命頭に詰め込んでいるわけですね。

自分で鍛える非認知能力

まずは非認知能力がどんな能力か。君たちが学校を出て社会で活躍する時にとても大事な能力になります。認知能力は模倣が基本で、すべて教えられます。数学的思考力、それから言語能力、この二つが学校で教える時間割の最終目標になります。非認知能力の特徴は、教えられないということです。

たとえば自己認識をするには、君たち一人一人がアイデンティティを見いだすことが必要ですが、お父さん、お母さんにもそれを教えることはできません。自分で分かろうと努力しなければならないのです。忍耐心や自制心も自分で意識して鍛える必要があります。アメリカで、子どもがマシュマロを前にして、食べるのを我慢できるかどうか観察した実験が行われましたが、その後を調査すると、我慢していた子は我慢できなかった子に比べて社会的に成長していたそうです。ポイントは、「心の持ちよう」と言われています。辛いことがあっても、みんなも頑張っているとか、いろいろな理屈をつけて心の持ちようを変えていくと、自制心、忍耐心が育っていくのです。

他の非認知能力としては、時間はかかっても頑張って「やりぬく力」の大切さが強調されています。今から4年も先の大学入試に向けて目標を設定して頑張るのは、やりぬく力になりますね。

②遣唐使と大航海時代

「神わざ」から「人間のわざ」へ

中3の学年テーマは、創造力です。「創」には傷つけるという意味があります。たとえば刀創《とうそう》という言葉を知っているかな。刀でついた傷のことです。創造というのは、何かを傷つけて、それまでになかったようなものを創り出す仕事だと考えられますね。中世のヨーロッパでは、まねをすることは人間のわざ、創造は神のわざ、と言われていました。

キリスト教などの本を読むと出てくる創造主とは、神様のことです。この言葉からも分かるように、かつては創造を人間の仕事とは思っていなかったんですね。ところが、ある時期から創造は人間がすることだ、しかもかなり大事なことだとみんなが思うようになります。21世紀の社会に生きる君たちは創造する力がとても大事だ、と年中耳にするでしょう?

非認知能力の代表である創造力を伸ばすのに一番分かりやすい方法が、歴史を学ぶことなんですね。今の時代の現象を理解し、こうすればいいというヒントが分かる。歴史には、謎解きのカギが山のようにあるんです。それでは、創造力を一つのキーワードにして、それを身につけるために人々は歴史上どんなことをしたのか、話をしてみたいと思います。

【スクリーンに書物の画像】

これは、『論語』という本です。今から2500年ぐらい前、中国に孔子という人がいました。孔子は「天」という存在がすべての人をコントロールしていて、天の命令の代表的なものが「仁」と考えていました。仁という漢字は二人の人と書くでしょう。人間一人一人が相対して話し合い、社会をつくっていく中で生きる道を見つけるのだという考え方です。孔子は生きている間に一切本を書かなかったのですが、お弟子さんが師の言葉を覚えていて、本にして残してくれたんですね。その代表が『論語』で、いいことがたくさん書いてあって、ああ人間はこう考えて生きればいいんだということが読むとよくわかります。ただし内容は難しく、2500年もたっているので解説書も膨大な数に上っています。代表的なものが三つあって、その一つが『論語疏《そ》』です。解説書のことを「疏《そ》」といいます。

この『論語疏』は今から1200～1300年前、日本人が中国で買って持ってきたものが現存しています。実は中国ではこうした本は、数百年に一度は起きる革命などの争いで散逸してしまい、残っていないそうです。ところが日本に『論語疏』が保存されていたんですね。こうした書物を中国から持ってきたのが、きょう取り上げる遣唐使、遣隋使です。作家の井上靖が『天平の甍《いらか》』という本に書いていますが、当時の唐、中国は世界で最も進んだ国で、首都長安、今の西安には世界中の人が行き交っていました。進んだ文化に魅力を感じて、日本から優秀な僧侶を遣隋使、遣唐使として中国に派遣したのは、7～9世紀の200年間余りです。資料にあるのは、平城京ができて1300年を記念して造られた船の写真です。

遣唐使を派遣した船を再現したのですが、嵐がきたらひっくり返りそうですね。実際に、派遣された人のうち無事帰った人は半分いたかどうかで、海に投げ出されたり、慣れない気候で病気になったり。それでも希望者が殺到し、必死の思いで最先端の文化を学んで帰ってきたのです。これを進取の気性というのでしょう。中2でやりましたね。新しいことに取り組もうという精神で、その進取の気性が創造力につながるのです。

「旅」の効用〜右脳と左脳の役割分担

ちょっと難しい話になりますが、エマニュエル・トッドというフランスの家族人類学の学者は、日本とヨーロッパの文化の類似性を指摘しています。パラレリズム、という言葉があります。君たちはスキー教室に行くと、パラレルという滑り方を習うよね。平行という意味です。トッドは、西ヨーロッパで起きたことが日本でも並行してよく起きていると分析しています。要するに日本で起きたことはヨーロッパでも、ヨーロッパで起きたことは日本でも起きているというのです。

日本では新しいことを求め、優秀なお坊さんを世界で最も進んでいた中国に派遣して勉強させました。約800年後、ヨーロッパでも新しい世界をつくろうというエネルギーが人々に海を越えさせたのです。大航海時代を経てヨーロッパではいわゆる中世が本当に終わり、近代社会が始まりました。聖書や経典で神が言ったとされる言葉の通りに生きることをやめ、自分の目で観察して判断し、自分で考えて生きる近代社会に切り替えることができたのです。

神のわざと考えられていた創造についても、大航海時代以降、ヨーロッパの人たちは意識して進めました。その時代に起きたことを調べるとびっくりしますよ。以前に話したグーテンベルクの活版印刷が１４５０年。ルターの宗教改革が１５１７年。コロンブスのアメリカ大陸発見が１４９２年。それから地動説を唱えたガリレオの裁判が１６１６年。全部この時期なのです。

最後に、人間が人間の力で新しいことをする、その創造ということを具体的に説明してみましょう。前に認知革命の説明をしましたが、抽象化、概念化の作業をする人間の脳は、実は二つに分かれています。前回、ローマの神ヤヌスの写真を見せましたね。不思議なことに、ローマの人は分かっていたようなのです。人間の脳にはヤヌスの神様のように二つの面があって、右脳と左脳に分かれている。それを連携する脳幹が、両方の働きをつなげてバランスを取ってくれるのですが、左脳はサイエンス、右脳は芸術につながる働きを主に分担して行っています。ヤヌスの神もエトスとパトス、つまり理性と情熱の二つの顔を持っていました。

左脳は同じように見えるものの中から違いを分析して割り出していく作業を得意としています。右脳は全然違うように見えるものの中から同じ部分があることを発見して取り出す作業をします。この二つの能力をバランス良く刺激的に使うのが創造なのだと思います。では実際にどうやっているのか。

一つ間違いなく言えるのは、旅をして今まで経験したことのないようなものを見るのが刺激になることですね。日本では遣唐使や遣隋使の派遣、ヨーロッパでは大航海時代がそうです。では、実際に創造的な活動はどのようにされているのでしょうか。たとえばイタリアのレオナルド・ダヴィンチが芸術にも科学にも秀でた大天才である理由は、右脳と左脳をつなぐ脳幹が非常に発達していたためだろうと言われています。残した絵を見ると、右利きでないと描けない部分と、左利きでないと描けない部分が融合しているそうで、両手利きだっただろうと推測されています。創造することは二つの脳のバランスで生まれてくるので、数学も大事ですが、音楽も美術も大事で、人生を豊かにすることを知ってほしいですね。

最後に、日本の国民的画家といわれる東山魁夷《かいい》さんの絵を見ましょう。「道」という有名な作品です。彼はアトリエで、いつもある曲を聴きながら絵を描いていたそうです。その音楽を聴いてこの時間を終わりましょう。創造することへの刺激になったのは、どんな曲かな。

【音楽が流れる】

これは、モーツァルトのピアノ協奏曲第23番の第2楽章です。東山魁夷さんが大好きだったそうですが、これは第1楽章も含めて人間の頭をよくすると噂《うわさ》される音楽です。35年しか生きなかったモーツァルトが最も優れた作曲をしたといわれる1786年につくられた曲です。でも、実際に頭がよくなるようなことはないでしょうね。プロゴルファーの松山英樹さんが言っていました。才能は有限、努力は無限。努力すれば才能がそれほどなくても努力でカバーできる、と解釈している好きな言葉なのですが、ちょっと明るい気持ちになりますね。

③生きた友情

仏教伝来とともに伝わった「瓦」

中3では井上靖の小説『天平の甍』を課題図書として、夏休みに読んでもらいました。天平時代、今から1500年ぐらい昔に作られた瓦が題になっています。日本人はいつ頃、屋根の瓦を作り出したのでしょうか？　一番古い瓦は西暦596年、飛鳥時代に現在の奈良県明日香村にある飛鳥寺というお寺を建てた時に使われました。この作り方は朝鮮半島の百済《くだら》から招いた工人に教わったそうです。仏教伝来は５３８年説と５５２年説がありますが、お寺を建てる技術が一緒に伝わり、日本の建物がガラッと変わった時期でもあるのです。

　大陸から新しい技術として伝わったのは、地上に建てる柱と地面の間に石を置くということでした。それ以前の日本人は、柱を地面に直接置いていたので、そこから腐ってきてしまう。伊勢神宮は素晴らしい建物ですが、仏教伝来以前の作り方で、20年ごとに建て替えるのは建物がもたないためだったとも言われています。先ほど紹介した飛鳥寺は元興寺《がんこうじ》というお寺に作りかえられたのですが、１５００年ほど前に日本で最初に作られた瓦は今でも残っています。歴史というのは知ると面白いでしょう？　日本では、その後、普通の家もお寺と同じように瓦を屋根の上に置くようになりました。日本家屋が瓦屋根なのは仏教から来ているのですよ。

「ギャング」から「フレンズ」へ

　２００８年の夏のオリンピックが北京で開かれた際に、こういう言葉が開会式会場で流れました。「有朋自遠方来、不亦楽乎」。孔子の言葉と言われていて、『論語』の学而篇《がくじへん》に出ています。もちろん中国語で流れたのですが、私はうまく発音できませんから日本語で読みます。「朋《とも》有り遠方より来たる」、「亦《ま》た楽しからずや」。注目してもらいたいのは、「朋」という字です。「とも」を普通は「友」と書くでしょう。「朋」も「友」も「とも」なんです。「友」の字形は「手」を表しているそうで、この「友」は手をつないでいる、仲良くしている、という意味ですね。こちらの「朋」は月が二つあって、貝殻を意味します。昔は通貨がなかったので、貝殻をお金がわりに使っていました。貨幣を二つ並べるのは、同等の者が肩を並べるという意味です。「とも」という言葉には、仲良く手をつなぐという意味と、競いあうという意味があるようですね。両方ともあるのが友達なんです。そのことを少し考えてみたいと思います。

　赤ちゃんがだんだん歩けるようになってくると、お母さんは公園に連れていきますね。いわゆる公園デビューで、子どもは面白がってお砂場によちよちと向かっていきます。他の近所の親子も公園に来ると、その子もよちよちと砂場に来る。二人、三人と増えていきます。一見、みんな楽しく砂場で遊んでいるようですが、よく見ると、一緒に遊んではいないことに気づきます。砂場でそれぞれに遊んでいるだけですね。ところが、少し成長してくると、子どもたちはバラバラに遊ぶより協力した方が面白いことに気づきだします。砂山をつくってトンネルを両側から掘ってみたり、そこからボールを流してみたり、砂山を突き崩して新しい建物をつくってみたり。みんなでやるといろんなことができるので、一緒に遊ぶようになります。

小学3～4年頃になると、少人数の集団で行動する「ギャングエイジ」が訪れます。「ギャング」とは「徒党」という意味です。そのうち、友人関係である「友・朋」が現れてきます。英語ではフレンド（Friend）。君たちはこういう過程を経て、今に至っているわけです。「友達」は「徒党」とどこが違うのか？　一人一人が独立した人間同士だという関係を意識していて、相手のやりたいことを尊重している点です。一定の行動様式や集団規律を許容することを学習し、成長したところでフレンドが生まれるのです。自分の友達関係を考えてみてください。フレンドができて初めて、人間しか持っていない創造力というものが生まれてくるのです。

共同体感覚～誰かは誰かの役に立つ

アルフレッド・アドラーという心理学者は、「共同体感覚」を持つことで、人間が発展する条件が整うと説明しました。つまり社会をつくるために必要な感覚で、それがないと人間は進歩できないという大事なものですね。

共同体感覚を身につけるために必要な条件は、アドラーによると、第一に「自己受容」。一人一人が自分を受け入れるということです。自分なりに良い点があることを見つけて、自分の存在そのものを受容することから出発するのです。そのいいところのある自分は、必ず誰かの役に立つ。「他者への貢献」が二つ目の条件です。生命活動の設計図であるＤＮＡは一人一人違うのだから、役に立たないと思っている人は、自分を知らないだけなのです。そして、最後は「他者を信頼すること」。結局は一人一人の意識なのです。

私は長い間、中学高校の教員をしていますが、とても成績が良い学年と、今ひとつという学年があります。不思議ですが、それが進学実績にも表れる。入試は団体戦と言う人もいますが、そういう面は確かにあるんですね。その学年が一致して協力し、雰囲気がよくなると全体に盛り上がってくるのです。中３は中高６年間の中間地点で、みんなが協力して共同体感覚をしっかり持った学年は全体に盛り上がってきますよ。これが実は、創造性につながります。

「利他的な遺伝子」～情けは人のためならず

この人の名前を聞いたことがありますか？　リチャード・ドーキンスというアフリカのケ

ニアで生まれたイギリス人の学者で、『利己的遺伝子』という著書で有名になりました。遺伝子というものは、基本的に生命を維持し、その種が断絶しないように設計されている非常に利己的、セルフィッシュ（selfish）なものだと長い間考えられていたのですが、ドーキンスは本のタイトルとは裏腹に、遺伝子には利他的な性質があると主張したのです。アドラーの言う共同体感覚の存在が説得力を持ちますね。人は自分のためだけではなく、人のために生きている、役に立っている面があるということです。

キーワードをホワイトボードに書き留める

よく使われることわざがありますね。「情けは人のためならず」。どういう意味ですか？　そう、正解を言ってくれました。情けは人のためにならないと勘違いする人がいるのですが、本来は彼が説明してくれたように、人のために何かをしてあげることが結局、自分のためになる、そういう意味ですね。同じような言葉が英語やフランス語にもあります。自分のためにやっているつもりでも、実はそれが人のためになっている。あるいは人のためにやっていることが実は全部自分のためになっている、ということを人類は経験してきたのでしょう。ドーキンスによれば、人間は本質的に利他的な行動をするのだそうです。これはぜひ、みんなも知っておいてほしいですね。

一人一人には個性があって、みんな違う。その主体性を持った個人が、自分以外の客体、友達や社会に取り囲まれて、やりとりをするわけです。自分はこう考えると言うと、周りの友達から「いや、違う、こう考えた方がいいんじゃないか」とか「こういう考えの方がいいよ」とか言われますね。やりとりしていくうちに主体の考えも変わっていきます。その変わっていくことが社会的存在としての個人を変化させていくのです。ミードというアメリカの社会学者が説いたことですが、主体と客体とのやりとりの中で主体が形成されていき、それが大人になるということで、人間らしさというものを生み出すわけです。

ここでぜひ知ってほしいのは、君たちの年代になってきたら、本当の意味の良い友達を、さらにつくってほしいということです。中高時代の友達は人生の宝物です。足を引っ張り合うのではなく、互いを高め合うのです。友達が徒党と違うのは、お互いが尊重されているということです。創造的な力というのは、自分も持っているけれど、他の多くの人も持っている。一人で作り出す天才もいるとは思うけれど、普通の人でもうまくつながれば素晴らしい考えが生まれます。そのうまくつながる条件が共同体感覚ということです。

きょうは橋本左内の資料も渡しています。この人は25年しか生きなかったのですが、日本の国がどういう国のかたちをしていなければならないかということを論じた幕末の有名な学者です。もとは医者で、大阪の適塾で医学の勉強をした非常に優秀な人でした。この人が書いた『啓発録』の一部を資料として渡してあります。15歳で書いたそうで、ちょっと君たち何歳？　同じ年じゃないの。大人になるためにはどうしたらいいか、五つあるのですが、第一に「稚心を去る」。人に頼らないということでしょう。二番目は「気を振《ふる》う」。元気を出すということですね。三番目が「志を立つ」。志を立てる、目標をつくる。15歳になると、そろそろ人生の目標をおぼろげにでも持った方がいいかもしれません。四番目が「学に勉《つと》む」。一生懸命勉強すること。最後は？　「交友を択《えら》ぶ」。ようやくできましたね、良い友を持つということです。

④時間と命

メメント・モリ〜生死のメカニズム

きょうは「死ぬ」ということを話題にします。なかなか難しいテーマですが、心臓の手術をした中3の子の経験が書かれている作文を事前に渡していますが、お読みになりましたか？　読んで来なかった人は、後でいいから目を通しておいてください。

生き物はみんな死ぬかというと、たとえば大腸菌なんていうのは死なずに、永遠に分裂しています。とはいえ、私たちは個体として考えると必ず死ぬんです。それは人間にとって大きなテーマで、哲学者にとっては最大のテーマですね。ラテン語で、メメント・モリという有名な言葉があります。死を忘れるな、必ず死ぬんだから、それを忘れないでという意味です。ですから、死ということを少し考えてみる必要があるのだろうと思います。

特定の言葉について考えるときに、反対の意味の言葉を考えると理解しやすくなってきます。死ぬということの反対はなんでしょう。生まれる？　そういう切り口もあるよね。生きる。なるほど。では、生きているとは、どういうことを意味しているのか。生き物を研究する学問として生物学がありますね。あなた方が学んでいるのは、20世紀半ばに新たに生まれた生物学で、分子生物学といいます。１９５３年にワトソンとクリックがＤＮＡの二重らせん構造を発見したのは20世紀最大の発見の一つで、それ以降、生物学という学問もガラッと変わりました。

かつて生物学の中心は、生きているということを情報に整理し、学問的に体系づけることでした。19世紀に活躍したメンデルとかダーウィン、ヘッケルなどが代表的な生物学者です。オーストリアの司祭だったメンデルは教会の庭のエンドウ豆を観察し、その特徴が代々どう伝わっていくかを研究しました。そして、有名なメンデルの法則を見つけ出すのです。人間もこの法則に従って形質が遺伝していくわけですね。生物学といえば、最初にこれを習ったものです。

ダーウィンは１８５９年に進化論の基になる『種の起源』という本を出して世界中に衝撃を与えました。日本では幕末の安政６年です。進化論の本にはこんなタイトルがついています。「On the Origin of Species by Means of Natural Selection」。「自然選択の方式によって、種の起源が決まっていく」という意味です。つまり、人間を含めた生き物はどんどん変わって進化していくという考え方でした。

資料として配ったプリントにもありますが、後に日本の木村資生《もとお》さんという学者が、自然選択によって進化するという説明は正確でないという考え方を示しました。「分子進化の中立」という言葉を使って、生き残っていけるかどうかはすべて偶然で、常に進化しているわけではないという説で、高く評価されました。多くの事例とともに中立性を唱えてダーウィンの説を修正し、今や世界の進化論の考え方の主流になっています。

　ダーウィンの進化論を支持したドイツのヘッケルという学者は、それぞれの生き物としての個体の変化は、その種族の系統的な変化を繰り返すと説明しました。人間も、お母さんのおなかの中にいる時に変化しているんですね。受精卵が細胞分裂して最初は魚のような形で、どんどん変化していろんな生き物に似ていって、最後に人間の形になる。それを種の系統的変化とヘッケルは言っています。一つ一つの生命体は、その生き物が属している種が地球の歴史の中で変化してきた過程を繰り返しているのだと。こういう自然哲学のような学問が生物学の主流だったのです。

　ところが今の分子生物学は、細胞を実験室のフラスコの中で扱う学問になりました。あなた方の37兆の細胞は大体2、3年経《た》つと入れ替わり、死んだ細胞は体から離れて新しい細胞ができる。分子生物学によれば、そういう状態にある生き物を「生きている」というわけですね。

「死ぬ」ということを説明する際には、テロメア説というものがあります。細胞がどんどん分裂して新しいものに変わっていく時に、遺伝子の末端にテロメアという鎖みたいなものがくっついているそうです。分裂するごとに鎖が少しずつ短くなっていき、最後にはそれ以上分裂できなくなっていくという構造が発見されました。２００９年にエリザベス・H・ブラックバーンと、キャロル・W・グライダー、ジャック・W・ショスタクというアメリカの科学者三人が、この業績でノーベル生理学・医学賞を受けました。ブラックバーンさん、グライダーさんは女性です。ノーベル賞の受賞者は圧倒的に男性が多く、女性はまだ少ないのが現状です。小さい頃から男の方が数学に向いているとか、女の子は数学に向かないというような偏見が植え込まれた人間の長い歴史が背景にあります。特に日本は、女性の科学者がなかなか生まれてこない傾向が指摘されています。これは君たちの世代で、ぜひ直してほしいですね。人類全体にとってもったいないことです。女性が理系に関心を持って勉強すれば、男性と同じように結果はついてくるのです。

「生命の設計図」は変えられる?

一定の比率で子孫に資質が伝わっていくことをメンデルが示してくれました。その具体的な例としてDNAを取り上げてみましょう。君たち一人一人が持っているDNAは親から伝わっているわけで、一人一人が生きていることは、そのDNAの構成で決まっていると考えられるわけですね。ところが、最近の研究によると、不思議なことに、遺伝子通りに生命活動が行われてはいないのです。遺伝子は確かに影響しているけれど、個体が生きているうちにその現れ方がどんどん変わっているのですね。それをエピジェネティクス（epigenetics）と言います。生命体というのは、遺伝子のままに生きているのではなく、変化している。君たちも親からもらった遺伝子の通りに生きているわけではないのです。

その生命体が実際に自分を変えている現象の例が、ワクチンと免疫体です。最近、君らは希望者全員が新型コロナウイルスのワクチンを打ちましたね？　体内でウイルスの増殖を防ぐために人間の持っている免疫体を活用するわけですね。ワクチンを打つことによって体内に抗体をつくって、感染してもあまり重症化しない、あるいは感染しにくい体にワクチンが変えてくれるわけです。ウイルスの侵入などが起きたときに対応すること、そのために準備することを通して自分を変えていくことが免疫という機能を保証しているそうです。免疫学によると、「自己」は変わるというのが大前提で、親からもらった遺伝子で生命体として出発しているけれど、その後の生きる過程で変わっているのだということですね。それが生命体の面白いところで、進化論につながりますね。

最後にもう一つ。人間は、先ほど説明した共同体意識によっても変わります。まずは自分を認め、自己肯定感をしっかりと持った上で、誰かの役に立つことをやってみる。中学高校の仲間と一緒に実践するなら、とてもよいでしょう。自分ができあがっていき、自分の特徴を理解しだす面白い時期です。人間が変わっていけることが、仲間作りの過程を見てもわかりますね。「死ぬ」「生きる」ということからいろんな話になりましたが、いかがだったかな。

⑤過去に学ぶ未来

AIの可能性と危惧

中3の最終回は、なぜ学年のテーマが「創造力」なのかという話をまとめて、高校の準備に入りたいと思っています。これからあなた方が生きていく上で大事なのは、「バックキャスティング」という考え方です。釣りをする人は知っていると思いますが、釣り針を投げ込むことをキャストと言って、バックキャストは後ろに投げ込むという意味です。この場合、後ろというのは、未来なんです。未来に針を投げ込む。未来は前じゃないかと思うけれど、そうじゃないんですね。

スティーブン・スピルバーグ製作の『バック・トゥ・ザ・フューチャー』という有名な映画があるでしょう。未来に帰るという意味で、まさに欧米的な発想です。バックキャスティングは未来を予測し、そこから遡《さかのぼ》って今何をすべきか考えるという手法で、既に2030

年とか２０５０年の予測などが行われています。非常に予測しにくい難しい時代だからこそ、君たちが生きていく上で持ってほしい姿勢です。その未来で一番気になるのは、ＡＩのことでしょう。日本語では人工知能と呼ばれていますが、artificial intelligenceという英語が使われ始めたのは、１９５６年。アメリカのダートマス大学で開かれたダートマス会議で、人工知能という学術研究分野が確立されました。

コンピューター開発の初期で有名な人は、アラン・チューリングというイギリスの数学者です。エニグマというナチスドイツの暗号は絶対に解けないと言われていたのに、計算機を使って解読に成功しました。その機械が発達してコンピューターになっていったわけです。ダートマス会議は、コンピューターの可能性を議論する場で、その後、急速にその性能が向上していきました。機能の発展が決定的になったのは２０００年代以降で、機械学習のディープ・ラーニングという技術で一挙に人間の頭脳のような認知作業が可能になってきました。外界の刺激を脳に取り込んで概念化し、その知識を取り出すという作業をコンピューターができるようになったのです。膨大な知識を取り込み、いつでも取り出してくれるわけで、大きなデータになるほど正確になります。

この人工知能がさらに発展していくと、どうなるか。コンピューターの指示することが最も的確に見えて間違いが起きないとすると、人間はあらゆることで機械に従えばいいということになるかもしれません。それは困ったことだと、誰もがなんとなく感じます。独創性というものが人間を飛躍させてきた歴史を知っているからです。コンピューターの示すデータは人間が経験したことに基づいているわけですから、さらに飛躍して答えを出すことを期待できない。これからのＡＩには独創力も付けられるという学者もいますが、私はできないと思っています。逆に言えば独創性とか創造力というのは、コンピューターに支配された社会で、唯一人間らしさを発揮できることなのです。

ソクラテスの裁判〜生きている過去

独創的な発想は連続性がないことが特徴で、「生きている過去」から将来を見通すことが大切になります。歴史の中で、解決されずに現在も問題として存在し、常に意識していなければならない過去というものがあるのです。それを理解していると、現代の様々な課題に自分なりによい答えを出していくことができるんですね。

最初に挙げる過去は、ソクラテスの裁判です。紀元前３９９年ですから２５００年くらい昔のできごとです。ソクラテスは裁判で受けた死刑宣告を、そのまま受け入れて処刑されました。当時のギリシャ半島には、一人一人の人間としての尊厳を尊重するスパルタ、アテネ、テーベなどの小規模な都市国家がありました。そういう地域から、ギリシャ哲学という学問が生まれるわけです。ギリシャの人たちはまず宇宙について考え、人間の存在について考えました。宇宙を考えることは今の大学の理系、人間を考えたことが文系につながります。これが大学という組織の基になり、ギリシャ哲学から生まれた学問をまとめて学ぶ科目群がリベラル・アーツになりました。今も世界中の大学で、学問の基本として位置づけられています。ギリシャ哲学の祖はソクラテスで、弟子のプラトンがつくった学校がアカデミアと呼ばれ、今も学者の集まりを意味するアカデミーという言葉になって残っています。アリストテレスがつくった学校はリュケイオンといって、フランス語の学校を意味するリセの語源になりました。

ソクラテスは、人間にとって大事なのは、知らないということを知っていること、「無知の知」だと説きました。若い人を集めて対話を重ね、その中でギリシャの宗教や神話を批判したわけです。都市国家の人々は裁判で投票の結果、若者に危険思想を伝えているとしてソクラテスに死刑を宣告しました。友人らは死刑から逃れるために早く危険なアテネを出るように促したのですが、ソクラテスは最終的には逃げずに、判決通り自分で毒杯を飲んで死ぬのです。

ソクラテスは人類史上で最初に、一人一人が自分で考えることが大事だと説いた人でした。その言動が危険視されて死刑になったわけですが、彼の思想は人類の発展に大きな影響を与えました。社会のルールの意味を考えもせずに従えばいいという生き方では、アリやハチの社会と同じになってしまいます。その概念を壊してくれたソクラテスが理不尽な死刑宣告を受け入れたのは、「ソクラテスの謎」と言われています。これが今も生きている過去の一つ目です。

ガリレオの裁判とサイエンスの出発

二番目は、ガリレオ・ガリレイの裁判です。ガリレオは現代社会の考え方の中心になっているサイエンスの発明者で、彼の考え方を基盤に科学は発展したといえます。彼は自分で作った望遠鏡で月を覗《のぞ》いてクレーターを観察し、地球と同じ天体だということを理解しました。その頃、月は透明で明るく、影のない天上世界だと信じられていたのですが、ガリレオはそれが誤りだと確信し、あらゆることを自分の手で実験し、確認して、事実を説明することを試みたのです。その上で正しい数式を見つけ出せば、実際に実験をしなくても予測ができるようになります。

彼の主張する地動説は、聖書の「大地は不動である」という記述に反していたので、とんでもないと宗教裁判にかけられました。ガリレオは抵抗して裁判の後、「それでも大地は動いている」と言ったという有名な話が残されています。しかし、裁判記録によると、ガリレオは最初から「地動説など信じていません」と言っていました。キリスト教に反するようなことをしたら火あぶりの刑になってしまったためでしょう。ガリレオは終身刑を宣告された後に減刑となり、軟禁されて一生を終えました。結果的に、彼は科学に基づいた考え方を裁判で主張しなかったために生き延び、自らの考えを本にして残すことができました。そこからヨーロッパで科学が発展していったのです。

最後に挙げる裁判は、フランツ・カフカという作家が書いた『審判』です。実際の裁判ではなく、無実の人が裁判にかけられ死刑になってしまうという小説です。同じ頃、フロイトという心理学者が、人間の考え方や行動には、心の奥底にある深層心理、意識していない心の働きが大きく影響を及ぼしていると主張していました。フロイトの『夢判断』という研究書と、カフカの小説の世界が重なります。人間が深層心理の存在に気づかされた「事件」。これが三つ目の裁判です。

これらの裁判が提示した問題への答えは、どう考えてもＡＩでは導き出せないものです。人工知能を過剰に恐れる必要はないと私は思います。大いに使ったらいい。ただ、その使う人間が勉強し、生きている過去を生かしていかなければなりません。それがＡＩ時代を生きる君たちの役割です。リベラル・アーツというものをしっかり学び、独創性についても考えてほしいと思います。

4章　高1「自己の社会化」

①高校生活に入るにあたって

心の持ち方に折り合いをつける

これまでの講話で、本来は弱い生き物だけれど、社会をつくったから繁栄したという私たち人類の特徴について話しましたね。一人一人違う考えを持っていることを大事にしながら社会を構成していくには、自分なりに心の持ち方に折り合いをつける必要があります。その方法は、人類の大天才が教えてくれました。インドのブッダと中国の孔子、中3の時に裁判の話をしたギリシャのソクラテスで、不思議なことに2500~2600年前のほぼ同時期に、地球上に三つの大きな思想の流れが生まれたのです。ドイツのヤスパースという歴史家が、地理的に離れた文明圏で、後世に大きな影響を及ぼす思想・宗教がそれぞれ生まれた

「知の枢軸時代」として指摘しています。

ブッダは慈悲、孔子は天という存在を基に、人間の生き方を説きました。ソクラテスは宗教や神話に頼ることなく、自分たちで生きることを考えようとしました。今もヨーロッパには、個人の尊厳や自由を重んじるギリシャ哲学が現代社会の基盤になっているという意識があります。

18世紀にフランスで活躍した思想家、ジャン・ジャック・ルソーは、一生をかけて、人間が幸福になるにはどうしたらよいかを考えました。当時は社会が不安定で、ルソーは子どもの頃に母を亡くし、家族と離散して放浪しながら生活していました。彼の思想による幸福の条件は、ものごとを自分で決めることです。他の人に決めてもらって動く方が楽なのですが、それは幸福になる道ではない。ルソーの考え方に影響を受けてフランス革命が起き、人間の権利、人権という考え方が生まれて基本的人権という思想につながります。自分で人生を決められる生き方をしていれば、精いっぱいやった、これ以上やりようがないなと思えるんですよ。他の人に決められると、ああいうやり方があった、こういうやり方があった、と考えてしまう。現代社会は一人一人の行動が大きな意味を持ち、原動力になっています。

人間が自由に生きることを正当化するための基本的な理論が、アイデンティティ、自己同一性で、本来あるべき自分であるという意味です。アイデンティティを成熟させるためには、社会とのつながりを持ち、社会との折り合いをどうつけるか考えることが必要です。

よい友人をつくるには

一人一人がアイデンティティを見いだしたら、自己を「社会化」していくことがとても大事になります。自分というものをしっかり持った上で、社会を意識することができるようになるということです。人の言いなりになり、人に合わせることが求められているのではなく、自分という存在を社会でより生かすため、社会との折り合いのつけ方をそれぞれ見つければいいのです。社会の中に生きているからこそ、その人のアイデンティティを意識して、自分の特徴を精いっぱい生かすことが必要になるんです。

たとえばコロナが拡大する状況で、集まって遊びたいという希望があったとして、やはり制限は必要になりますね。その制限をうまく受け入れる人が集まるような社会をつくらなければならないということです。高校でさらに友達をつくってください、と言いました。社会と自分の個性の折り合いのつけ方は、人とのつきあいの中で自然に獲得していくものです。社会いい友達をつくるには、いい友達に自分がなればいいんです。そうすれば、みんないい友達になります。

②世界はこうして幸福を知る

アイデンティティは手がかり

中高一貫校に通っていると、高1になっても中学とあまり変わらないような感じがあるかもしれませんね。実際には、あなた方は中学を終えて高校に来る年代に大きく変化しているわけで、その変化をいい方向に意識的に転換させたいというのが、この時期の校長講話の狙いになっています。学年テーマは「自己の社会化」ですが、そう簡単なことではありません。自分の考えを通そうとすれば子どもっぽいと言われます。大人は、自分はこちらの考え方がいいと思うが、別の考え方もある、全体としてはこちらの方がよさそうだと比較し、検討して判断ができます。つまり、考え方の相対化ができているんですね。その前提として、自分というものを相対化することをまずやってみようじゃないかということで、高1の講話は展開していきます。

資料では『アイデンティティ・ゲーム――存在証明の社会学』という本を紹介しています。

作者の石川准さんは東大卒業後、静岡県立大学教授を務めた、目が見えない方です。国連に障害者権利委員会という組織があり、その委員を務めました。アイデンティティというのは自己を相対化し、自分がどんな人間なのか、何のために生きていくか考える手がかりになるものです。石川先生は、自分で得意だと思うことがアイデンティティになると厄介だ、と指摘しています。というのは、個人のアイデンティティには社会の影響が色濃く出ていて、それを正しく理解しなければならないからです。

石川さんの本に出ている日米の大学生の意識調査を見るとびっくりしますね。体力や責任感、人への配慮、礼儀正しさ、容姿、異性にもてることなど20項目について、「自信がある」という回答がアメリカの学生ではすべての項目で5割を上回っているのに対し、日本の学生は5割を超える項目が一つもありません。実際は、アメリカの大学生と日本の大学生の意識がこれほど違うわけではなく、明らかにそれぞれの社会が強く影響していると思います。そうしたことも含めて自分の存在について考えるのが、自己の社会化ということなんですね。何のために生きているのか、難しい言葉で言えば実存を見いだすために、得意とすることを探して社会に貢献しようというのが普通の形でしょう。ただし、その人が属している社会によって得意だと思うことが異なると石川さんは指摘しているわけですね。個人と社会の関係を意識した上で、自分が得意だと思っていることを再考してみるといいと思います。

社会を変えた職業選択の自由

一橋大学の学長を務めた阿部謹也さんは、中世ヨーロッパ社会の分析で日本の第一人者でした。人間が個人という意識を持つようになった経緯について、面白い研究を残しています。個人が非常に大事にされているのが今の時代の特徴で、それを法律で保障しているのが基本的人権という考え方です。基本的人権というのは職業選択の自由、学問の自由など色々な権利の総称ですが、その中核が人格権に関わる「自律権」ですね。簡単に言えば、一人一人の人生は誰にも命令されずに自分で決めるということで、人間の尊厳を保障しましょう、個人というものを大事にしましょうという約束です。

阿部さんの説をふまえると、その考えには職業選択が自由になったことが大きく影響しています。13世紀にヨーロッパ社会を支配しているキリスト教の教主たちが集まって、ローマのラテラノ教会でラテラノ公会議という会議を開きました。対象はキリスト教徒に限られたのですが、人間は神の前では平等だということが再確認されました。その後、人々に様々な手段で収入を得る道が開かれ、移動の自由も生まれました。ヨーロッパにおける個人という意識の成立に大きな影響を及ぼしたと考えられています。さらに個人に対する信頼が確立されたのが15世紀から始まった大航海時代で、ヨーロッパの優秀な人が部下を連れて航路を切り開き、新大陸に渡って富を集めてくるという行動にもつながっています。

さらに、大航海時代の終わり頃から、中2の講話でも取り上げた宗教を理由とした三十年戦争が起きました。終結後の１６４８年、ドイツのウェストファリアに各国の代表が集まり、戦争の原因となった宗教に頼る政治をやめようと申し合わせ、近代国家ができていくわけです。以前にもお話ししたライシテの原則に基づいた政教分離です。その流れがフランス革命の人権宣言につながり、基本的人権という考え方の基礎になりました。

③インテレクチュアルズ

自分を客観視する

高1の学年テーマである「自己の社会化」については、これまでにも説明していますが、別の言葉でいうと自己の客体化、相対化と言うこともできます。要は自分を客観視することです。

中学生で取り組んだ読書感想文は、自分は本を読んでこんなことを考えた、と書けば済むわけですが、高校で執筆する「自調自考論文」になると、そうはいきません。その論文の趣旨について自ら客観的に評価し、複数の考え方を比較しながら文章としてまとめていく。その上で、自分はこの考えがいいと思う、なぜならば――という理由まで明確に説明する必要があるのです。感想文との違いは、客観視ということなんですね。論文を書くには自分を客観視して様々な切り口で見る力がないと、なかなか人を納得させられません。自己の客体化、社会化ができれば、大人になっていく第一段階に入ります。そこに気づいてもらうために高1の校長講話があるのです。

自調自考論文は書かなくてもいいんですよ。ただし、皆の先輩で書かずに卒業した生徒は一人もいません。それは役に立つからです。高校卒業後は、試験の大半が論文になります。論文が書けないと社会人としても一人前にはなれないのです。大学では手取り足取りは教えてくれず、何を学ぶか自分で選んで自分で決めることが前提になります。自分を相対化できないと間違った判断になってしまうんですね。

自己を客体化できるようになった人は、社会的に知識人と呼ばれています、君たちはその知識人の一人になるべく、自分の力を養っていくのです。ロシア語でインテリゲンチャ、英語ではインテレクチュアルと呼びますね。ポール・ジョンソンというジャーナリストが世界の知識人について書いた『インテレクチュアルズ』という本は、アメリカでベストセラーになりました。

かつてのヨーロッパでは、知識人と言えば司祭などの聖職者でしたが、18世紀以降は力を失い、広く人間のために行動する知識人と言われる人たちが出現してきました。その代表が、『インテレクチュアルズ』でも最初に紹介されているジャン・ジャック・ルソーで、平等思想を社会に持ち込んだ人です。人間は平等であるという考えは仏教にもキリスト教にもあります。しかしそれはあくまでも宗教上の思想であって、実際に人間の社会を変革して、平等な社会を実現するために必要な考え方を提供してくれたのはルソーなのです。人間の基本的な権利を守るために個人が国家と取り決めを交わすことが「社会契約」であり、国家を始動できるのは社会全体の利益を目指す人々の総意、「一般意志」だけであるという思想が、フランス革命を生み出しました。今の時代には「共感」を表すエンパシー（empathy）という言葉が使われています。みんなが納得する考え方などを意味しますが、ルソーの説いた一般意志に近いと捉えれば、分かりやすいと思います。

④読書と自己発見

なぜ大学に行くのか～美しい場所へ

そろそろ来年からの科目選択の準備をしなければならない段階に来ていますね。あなた方としては、どうしてそういう選択が必要なのか、なぜ大学に行かなければならないのか、ということを考える人がいるかもしれません。同時に、学校では様々な行事や授業を通して、あなた方は確実に成長しているんですね。その成長している中身を、分析してみましょう。

まず、なぜ大学に行くのかという問いです。ティーン・エイジャーというあなた方の年代は、いろんな課題を持って、自分のことがすごく気になりだす時期だと以前に話しましたね。様々な力を成長の過程で身につけていくわけですけれど、大切なのは「メタ認知」の力だと言われています。幅広い知識を身につけ、理解した上で、自分という存在に何が重要か、大切なのかということを選択して身につける力をメタ認知と言うのですが、ティーン・エイジャーの頃に、最大限に発揮される必要があるわけです。それは知性によって生きることでもあります。

皆さんに紹介したい話があります。アメリカのジョン・F・ケネディ大統領が１９６３年６月、アメリカン大学の卒業式で有名な演説をしています。彼が46歳で暗殺される５か月前のことでした。ケネディは先人の言葉を引きながら、「大学よりも美しい場所は、この地上にほとんどない。それは、無知を憎む人々が知識を得ようと努力し、真理を知る人々が他者の目を開かせようと努力する場所だからだ」とスピーチするんですね。ケネディはすべての人が高等教育を受けるようにしたいという考えで、その後、世界の国々が同様の目標に向かって動いていきます。現在、日本の大学進学率は約55％ですが、短大や専門学校なども含めた高等教育機関には約８割の人が進学しています。大学に行く理由は、「自由になるため」とか「公正な判断ができるようになる」と説明されていますが、まとめて言えば知性を磨くためなのです。それを理解してもらいたいですね。

「知能」＋ユーモア＝「知性」？

コンピューターを動かす基本原理をアルゴリズムと言います。これはアラビア人の数学者の名が語源とされ、イスラム文化が人間の文化に大変プラスに働いたという歴史的事実を我々は忘れてはいけません。そのコンピューターがアルゴリズムに従って運用されていくと、人間が歴史上経験したことを記憶できるわけです。ＡＩは覚えたら忘れないし、間違えない。では君たちが活躍する２０３０〜40年頃、知性の力を使って判断する仕事をＡＩが代替してしまうのでしょうか。そうした問題を考えてほしいという期待がうかがえるのが、この入試問題です。

２０１６年に東京大学で国語の入試問題に出題されたこの文章は、私が翻訳した本から引用されています。文科志望も理科志望も全員が受ける共通問題で、出典に私の名前が載っています。この『アメリカの反知性主義』という本を私が翻訳したのは、20年ほど前のことです。作者のリチャード・ホーフスタッターは「知性」を意味するインテレクトという英語を使いました。インテリジェンスという言葉も使っていますが、これは「知能」と翻訳されることが多いですね。ＡＩが代替できるのはインテリジェンスの方で、過去の膨大なデータから知識を取り出し、分析して使うのは知能の働きなのです。

インテレクト、知性というのは、彼の主張によれば、インテリジェンスにプラスアルファが加わったものだということです。その中身はいろいろな言い方がありますが、一つはピエティ（piety）。敬虔《けいけん》で謙虚な気持ちですね。もう一つがユーモア、人間性です。この二つが加わることによって知能が知性になると考えられています。二つともＡＩが持ち合わせていないものですね。東大がこの本を引用して出題した時期は、アメリカ大統領選でドナルド・トランプ氏が台頭した時と重なっていました。知識層に対する反発が世界各国で強まり、反知性主義が注目されていた時期でした。

知性について考えることは、人間社会の未来にとって、とても大事なＡＩの問題を考えることと直結するんですね。中３でも取り上げましたが、独創性とか過去のデータに全くないような特殊な考えは、インテレクトからしか生まれない、インテリジェンスからでは生まれないのではないかと言われています。夢とか希望は不定形で、そこに変化があるから生きる力が出るのです。

文系と理系を分ける意味はない？

11世紀にイタリアのボローニャで大学が創設されました。学問の中核になっていったのは、ギリシャ哲学を基盤とするリベラル・アーツでした。その後、近代化の流れの中で、自分で考えて生きることに役立つ職業に関わる学問が入ってきます。アメリカのハーバード大学では入学後、最初に学生に示されるカリキュラムに、この科目はリベラル・アーツ、この科目は職業に関わる科目、などということが示されています。学生は単位修得に必要な条件に沿って科目を選んでいくそうです。

人間というものの基本を学び、宇宙はどうできているか、その中で人間はどんな存在でどうなっていくのだろうか、ということを考えるリベラル・アーツは大学教育の中核で、基本は文系3科目理系4科目の計7科目で構成されています。

日本の大学教育が文系、理系を分けているのは入試科目が異なっているからで、それほどの合理性はありません。昔は理系学部を卒業した人が工場や研究所に行き、文系の卒業生は営業の部署に行って会社経営に関わるという風に分けられていましたが、今はそんなことはないですね。理系の人が起業や会社経営をしたり、文系の人が勉強して理系の仕事をしているケースもどんどん出ています。そうはいっても、まず入試で分かれなければならないのですから、悩む人は多いようですね。

人間は思い込みをする生き物です。コグニティブ・マイザーといって、論理的に考えることを面倒くさがる生き物でもあります。しかし論理的に生きて、生きていることに自信を持ちたい、と考える人は次のことを参考にしてほしいと思います。ものごとが正しいかどうかを証明するときに、方法が二つあるんですね。一つは、クリティカル・シンキングといって、批判的な思考による議論を繰り返すことで結論に到達する方法です。そういうことが好きな人は文系に行った方がいいかもしれません。その一方で、正しいか正しくないかを知るためには実験や計算で証明する方がいい、という人は理系に行くと学問に親しみを持てるでしょう。結局は好き嫌いで文系、理系を選びがちですが、論理的にきちんと考えて選ぶことも一つの訓練かもしれません。皆さんは選択にとても悩んだと思いますけれど、よく考えてみると実は大したことはない問題です。文系に行こうが理系に行こうが、そんなに大した違いはない、要は知性を磨く場所として大学を選ぶということが基本にあれば、あまり心配しなくていいと私は思います。

⑤学問への旅立ち

論理と情緒～社会を変える芸術の力

きょうはまず、「芸術」が人間にとって大変大きな意味があり、それに気づいてほしいという話をしたいと思います。脳の構造を見ても、左脳はサイエンスを生み出し、右脳はアートを生み出すという話はしましたね。左右が連携して人間の知性になるわけです。

この絵を見てください。フランスの画家、ポール・ゴーギャンが１８９７年に描いた作品で、アメリカのボストン美術館にあります。私は実物を見ましたが、左上に「我々はどこから来たのか　我々は何者か　我々はどこへ行くのか」と書いてあります。その頃の人々は人間に大きな関心を持ち、結果として始まったのが近代オリンピックでした。人間の能力はどのぐらいまで伸びるのだろう、人間はどんな生き物なんだろうかと考えて、二千数百年昔に古代ギリシャで行われていたオリンピックを「復活」させて、１８９６年にアテネで開催を始めました。19世紀末、世界の人々が人間に関心を持った時代の流れの象徴的存在が、この絵なのです。

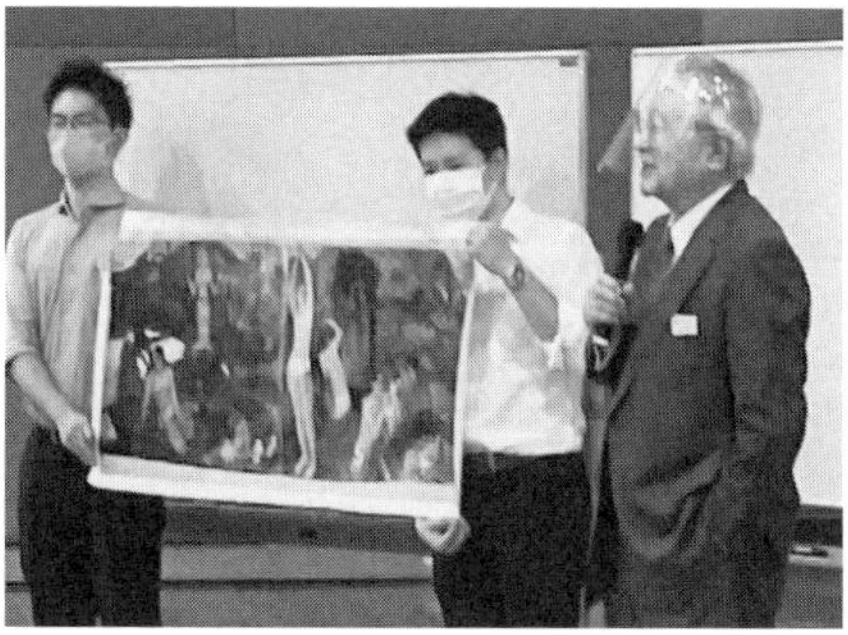
ゴーギャンの絵の写真を前に語る

芸術が大きな影響を与えたということでいえば、ピカソが描いた「ゲルニカ」という絵があります。内戦状態にあったスペインで、反政府側を支援するナチス・ドイツ軍による市民を巻き込んだ無差別爆撃に抗議し、描かれた作品です。

年代は遡りますが、本校の図書室前に複製を掲げている「アテネの学堂」には、芸術や学問が大変盛んだった古代ギリシャの人々が描いてあります。中央にいるのがアリストテレスとプラトン、紀元前４～５世紀に活躍した哲学者です。

渋谷中高の図書室前に掲げたラファエロ「アテネの学堂」の複製

絵に描かれているヒュパティアという女性は哲学、数学の学者でしたが、プラトンやアリストテレスよりも800年ほど年代が新しい人です。ローマ帝国時代に彼女が殺害されたのは、ギリシャの優れた文化がキリスト教に断ち切られた象徴的な事件でした。その後、イスラム社会がギリシャ文化を引き継ぎ、ヨーロッパに戻ってきたのは約1000年後です。作者のラファエロはルネサンス期を代表する画家ですが、その歴史をふまえて、この絵を描いたのだと思います。

ポストモダーン後の世界は

資料にあるレヴィ＝ストロースという人についても紹介したいと思います。近現代がいつ始まったかということは、なかなか時間を区切るのは難しいのですが、やはり一般的に言われるのは、ガリレオがサイエンスの道を拓《ひら》いた頃から本格的に始まったと考えられています。近現代では、人間の行動基準を神の啓示や経典に委ねず、自分で決めるというのが基本的な考え方です。さらにマルクス主義の登場で近現代の思想は極限に達しました。マルクス主義の背景には進化論があるのですが、人間はそれほど進歩していないという意見が出てきて、その代表者がフランスのレヴィ＝ストロースという社会人類学者です。彼は構造主義という考え方で、アマゾン川の奥地に住んでいる先住民の生活とパリの芸術家の生活、あるいは文明のただ中にいる近代的な人たちの生活、それを比較して、どちらが進歩しているかと問いかけるんですね。いや、アマゾンの方が進んでいるよということをチラチラと証明していくのです。

こうした近現代に対する批判が出てくるのが、ポストモダーンの流れです。今はそのポストモダーンがさらに批判されて、どういう時代になっていくか、混沌《こんとん》としていますね。たとえば、自由に意見を言える民主主義がよいという主張に対し、専制主義の国の方がいいということが平然と主張されるような時代です。まだ、その行方は分かりませんが、社会が大きく変化し始めているということだけは、これからを生きる君たちに知っていてほしいのです。そんな混沌とした時代だからこそ、この学校が大事にしている多様性を認めることを大切にし、特に若者には古典をしっかりと読んでほしいですね。資料にあるのは、「書物」という題の『アメリカン・マインドの終焉』（アラン・ブルーム）という本から引用した文章です。

何かに迷ったら、昔の知恵を探ってみようということで、ここに出ている書物の一つぐらいを参考に読んでみたらいいかなという気がします。

アメリカの大学では、そういう教育をちゃんとやっているんですね。君たちの先輩でプリンストン大学に進んだ卒業生が、朝から晩までダンテの『神曲』を読んでいます、と手紙に書いてきました。イタリア文学の古典で、なかなか難しい本です。君らが大学に行って、力がついたらそういうことを思い出してくれるといいと思って紹介しました。

「リーダーシップ」を育てるリベラル・アーツ

君たちが生きるのは、人間の考え方が非常に大きな影響を持ち、個人の力があてにされている時代です。だから、社会に出るとすぐに、リーダーシップを持てと言われるでしょう。人をあてにせず、一人一人がリーダーシップを持つことが、社会の機動力なんですね。そういう社会に君たちはこれから出る。自分の軸をしっかり決める上では、実は芸術という存在は重要です。

大学で本格的に学ぶリベラル・アーツは、ギリシャ哲学がアラブ世界にいったん吸い込まれて多様化し、再びヨーロッパに戻ってきたものです。その考え方を大学のカリキュラムに載せたのが「自由7科」と呼ばれる科目構成で、理系は天文学と算術、幾何、文系は文法と修辞学、論理学。理系文系の各3科目に加えて、最後に理系科目として挙げられたのが音楽なのです。この自由7科でギリシャ哲学が目指した人間性が身につくと考えられていたのです。

音楽にも世界を変える力があります。ヴェルディという作曲家が『ナブッコ』というオペラを書いたのですが、その中に出てくる群衆の合唱曲が刺激になって、イタリアが統一に向かったと言われています。音楽の持つ力が象徴的に表されていると考えていいと思います。

アメリカの先端的な企業では、芸術に関心がある人を採用したがるそうです。新しいことを考えつく力と結びつけているのでしょう。もちろん数学や国語の勉強も大事ですが、余裕を持って芸術にも関心を持つことは大切だと思います。

5章　高2「自由とは」

①普遍性の文化

真理がわれらを自由にする

新型コロナウイルスによる重苦しい雰囲気がまだありますが、とにかく学校が始まってよかったと思っています。過去を振り返ると悔いがあり、未来を考えると不安ばかりという時は、「いまここ」という臨済宗の禅語を思い返します。いまこの瞬間に集中し、過去や未来をあまり考えないということでしょうか。我々の祖先も、そういう生き方をしてきた時代があるということです。私たちも、目の前のことに集中してしっかりやっていくことでこの時期を過ごしたいと思います。一緒にやっていきましょう。

高校2年生は、本校の教育の仕組みではCブロックに入ります。高校の仕上げに入るわけですね。中高の学びは大学につながっているとよく話しますが、なぜ大学に行くのかと質問する人がよくいます。公正さや創造力を身につけるためでもあるのですが、大学の先生の多くが「より自由になるためだ」と答えるのではないかと思います。大学と自由というものは、かなり深いつながりがあるのです。それで、君たちのこれからの飛躍を象徴する自由という言葉を、高校2年の校長講話のテーマに掲げています。

自由という考え方を生み出し、大切にしているのが、ヨーロッパ諸国の社会です。自由は人間の生き方であり、一種の気質、センチメント（sentiment）としても表されます。キリスト教と深いつながりがあることは、聖書に出てくる言葉からも分かります。「真理が汝を自由にする」という一節が、聖書のヨハネによる福音書8章32節にあります。国立国会図書館は日本中の図書を集めている知恵の宝庫ですが、ホールに「真理がわれらを自由にする」という文字が刻まれています。

明治期に欧米の考え方が紹介された時、今の自由や社会にあたる言葉が日本にはありませんでした。当時の日本人には意味するところがわからなかったのです。ルソーの著書のソシエテというフランス語を翻訳するにあたり、自由民権運動の指導者、中江兆民は、社会という言葉を使いました。世間とか仲間という言葉はありましたが、やはり社会とは違います。

人間の集団であることは同じですが、世間や仲間は自然に発生するものです。社会では、一人一人が意識して集団をつくっています。自由については、様々な混乱も起きるとして、日本では長く「わがまま」を意味する言葉だと考えられていた面があります。

ヨーロッパの「共通教科書」

ヨーロッパには約7億人の多様な民族が住んでいて、長い歴史の中で中東地域の影響も受けながら、独自のヨーロッパ文化を紡ぎ上げてきました。国家の姿は民族や言語で揺れ動きます。ドーデの『最後の授業』という小説の文章を中1の時に資料として差し上げましたね。ドイツとフランスの国境地帯で、フランス語の授業が明日からはドイツ語になるというできごとを少年の視点で書いています。まさにヨーロッパの歴史を表している場面ですね。

そしてヨーロッパは、世界を巻き込んで二つの大戦を起こします。人類にとって大変不幸な戦争が、欧州が分裂しているために起きたとの反省から、ヨーロッパ連合、ＥＵがつくられたんですね。中心となったのはベネルクス3国と、世界大戦の基となる対立をしていたドイツ、フランス、イタリアです。ＥＵはノーベル平和賞を受けました。

ヨーロッパを考える時に必要な資料があります。これは、ヨーロッパ諸国が共同してつくった共通教科書です。英語とフランス語で書かれ、日本語にも翻訳されています。一つ一つの事件について国によって解釈が異なるような状況を乗り越え、EUの創設をきっかけに何とかまとめ上げたそうです。これを読むと、欧州というのは進んだところだなと思います。本来は世界中ですべき取り組みで、我々が見習わなければならない考え方です。アジアでも一時動きがあったのですが、うまくいきませんでした。日本と韓国は、同じ事件を全然違う形で解釈するなどして対立しているのです。

ヨーロッパには共通の基盤があり、ローマ帝国とその後のキリスト教文化が約1500年もの間、欧州の広い地域に影響を与えたという歴史がありました。東西に分かれる前の紀元4世紀、自ら信じているキリスト教を帝国の教えとすることを定めたのが、コンスタンティヌス帝です。それ以外の宗教が禁じられる中で、次の皇帝に選ばれたのが甥《おい》のユリアヌス帝でした。彼は今のフランス、ドイツなどにあたるガリア地域の戦争で功績を挙げた人で、ギリシャの文化、哲学を尊敬していたと伝えられています。

ユリアヌスは「私は人間を強制しようとは思わない。100年たっても人間は愚かであるかもしれない。500年たっても人間は自発的に正義を実現しようとしないかもしれない。1000年の後になおも絶望が支配しているかもしれない。しかし、人間が人間を自由な存在にしたこと自体、正義の観念を実現したことなのだ」と語っています（辻邦生作『背教者ユリアヌス』の記述に基づく）。自由が人間の本性にとても大事なものだと約1700年前に考えていたわけで、今の時代に自由を簡単に制限してもよいと言う人たちにぜひ聞かせたいですね。ユリアヌスは皇帝になった時、「ローマとは、各自が自己を主張しつつ共存する自由にほかならない。私が宗教の寛容を許すのは、かかるローマの精神に基づいているからだ」と述べたのがきっかけで失脚します。キリスト教以外の宗教も認めたということでキリスト教徒から厳しく批判され、最後はペルシャへの侵攻で負傷し、亡くなりました。それ以降、中世のヨーロッパはキリスト教一色になりました。ユリアヌスの自由に対する考え方が現実化するには、さらに千年が必要だったということですね。

②自由について～共通善と公正さ

自由だけではうまくいかない？

2回目の校長講話のテーマは、「自由について」。自由というのは、多様な言語や民族が集中しているヨーロッパに共通する普遍的な考え方です。その背景には、ヨーロッパ文化の源流であるギリシャ哲学があります。神様との契約で人間は生きているので、契約している部分は神の言うとおりにし、あとは、アリストテレスが説いた「共通善」を守りながら、それぞれが考えて自由に行動するという考え方です。共通善の中心にあるのが、公正さです。

現代でも、「白熱教室」で有名になったハーバード大のマイケル・サンデル教授の授業は共通善をテーマにしていて、やはり公正さ、正義というのは、その核になります。フランス革命は「自由」「平等」「博愛」、フランス語で言うと「リベルテ」「エガリテ」「フラテルニテ」を旗印にしました。

しかし、フランス革命のテーマに従って人間が活動していった結果、あまりうまくいかないことも出てきたのです。近年の話題作『21世紀の資本』でフランスの経済学者、トマ・ピケティが言うには、富と貧困の拡大が格差として再生産され、直しようがないような状況になっています。こうした事態への反省から、今は「自由」「平等」「博愛」だけでなく、「正義」や「公正」が一層求められているのだと思います。つまり自由については、今ひとつよく考えられていなくて、機能していなかった部分があるということですね。

そのことに気づく良い資料が、皆さんに配布した『アダム・スミス――「道徳感情論」と「国富論」の世界』（堂目卓生）という本の文章です。アダム・スミスはスコットランドの人で、「国富論」の作者として知られる経済学者ですが、彼が大学で担当した講義は実は倫理学でした。自由を推し進めてうまくいかないのは、アダム・スミスが言ったやり方を実践していないからだと本には書かれています。

アダム・スミスが説いた「倫理」とは

アダム・スミスは『国富論』で、最大多数の最大幸福の原則に基づけば、それぞれの独立国家が経済を発展させて、国民を豊かにできると説きました。経済を発展させるために進めたのは、いわゆる自由市場をつくることで、人々がそれぞれ一番儲《もう》かるように活動することを国が保障する自由主義経済の考え方でした。

社会主義体制の下、市場経済を実験的に取り入れたのが中国の鄧小平で、農家が生産した食料をすべて国に納めさせていた計画経済に代わり、一定量はノルマにしてつくらせ、後は生産者のものにしてよいという方式に変えたんですね。これが文化大革命後に起こった中国の経済発展の出発点で、それまで食料不足で大量に外国から輸入していた状況が変わって、一挙に中国は食料輸出国になりました。人間というのは、いくら頑張っても同じなら、やっぱり意欲がなくなってしまう。中国は社会主義を掲げつつ、市場経済の原理を導入したのです。

ところがアダム・スミスの本を読んでみると、実は経済というのは倫理で、経済学というのは倫理学だと書かれています。イギリスの経済学者、ジョン・メイナード・ケインズも、経済学というのは倫理学で、道徳なのだと書いています。一体どういうことかというと、アダム・スミスは「共感」という言葉で説明しています。英語でいうシンパシー（sympathy）ですね。つまり自由な経済活動を国は保障する。ただし、国や市場全体が豊かになるためには、いくら何でもやり過ぎだ、正しくないとみんなが思うことは除外し、一人一人が絶対にやらない。その際にシンパシー、共感というものを考えた上で自由にやればうまくいくと書いてあります。

今日ではシンパシーに代わってエンパシー（empathy）という言葉がよく使われます。アダム・スミスが本を書いた頃は、誰かが成功した時も失敗した時も感じる気持ちをシンパシーと言いました。ところが英語の言葉の意味が変わってきて、人が失敗した時の同情のような意味が強くなってしまったのです。エンパシーは他の人が成功した時にも失敗した時にも抱く感情で、他者への「共感」を意味し、近年は一般的に使われています。ＳＤＧｓ（持続可能な開発目標）の達成でも、エンパシーがキーワードになっているそうです。アダム・スミスの考え方が生きているんですね。結局は一人一人が他の人に配慮して行動することが前提になければ、何をしてもうまくいかない。その上で人々が自分の考えに従って活動することで一番成果が上がるというのが、アダム・スミスの言う自由主義経済の理論で、人間が幸福になるための結論めいた形が今提示されているのだと思います。その原則を正しく理解して行動することが自由ということなんですよ。

私はリベラリストです。自由を一番大事にします。だからこういう考え方を君たちに紹介しているのですが、どう考えるかは君たち次第です。きょうは、その自由と公正さに関連する資料を用意したので、解説しましょう。

どこまでが公共の福祉か

第一の資料が「ピラト的相対主義」に関するものです。ピラトとは、イエス・キリストの死刑を命令した人です。なぜ彼がそういうことをしたのか、２０００年にわたってみんなが議論していて、自由を考える時に大きな影響を与えているんですね。つまり後の文献によると、ピラト自身はキリストを死刑に値するとは思っていなかったそうです。しかし、ユダヤの人たちに反乱を起こすとまで脅され、死刑宣告をしました。みんなの要求をふまえてピラトが自分で判断したことが客観的に正しいのか、「共通善」とは何かということが議論されてきたのです。

フランス革命の時に登場した新しい理論は、自由・平等・博愛の下でも侵してはいけない分野として、公共の福祉、パブリック・ウェルフェアがあるということでした。どこまでを公共の福祉ととらえるかについては、現代の社会でも議論されています。フランス革命では、一人一人の人生を充実させるために国家の制度をつくったのですが、その際に公共の意思に関する部分には勝手に手を出してはいけないことを前提にしました。それが共通善の理論なのです。革命中に逮捕されて獄中で自殺したコンドルセという貴族が、経済理論として公共圏という考え方を提唱しました。

もう一つは『自由からの逃走』で、エーリッヒ・フロムという人が書いた本です。誰もが自由はいいことだと思いますが、人間は不思議で、自由であることを嫌がる面があります。誰かに命令されて動きたいと望む習性を持っているんですね。ナチス・ドイツという自由のない独裁国家は、世界で最も民主的と言われた憲法の下にあるドイツで民主的な手続きを経て生まれました。その過程がこの本に書いてあるんです。それで第二次世界大戦が起きて何千万という人が亡くなりました。なかなか自由ということは簡単には考えられないのです。

考えることを嫌う人間の習性を、コグニティブ・マイザーと言います。cognitiveは認知の、miserというのは「倹約家」という意味です。論理的に考えることを避けたがる傾向で、それがこうした歴史的な現象を起こすと言われています。歴史を現代に結びつけて考えるといろんなことがよく分かってきますね。受験勉強はどうしても、漫然と昔のできごとを覚える傾向になってしまうけれど、それぞれの事件のつながり、原因について時代を超えて考えてみると、歴史は非常に面白いことをたくさん教えてくれます。

③青春と人間関係

自由の気風～青春論のススメ

本校の修学旅行である校外研修は、日本の文化の源流を訪ねるという目的で高2は通常、中国、または九州に行くのですが、今回はコロナの影響で九州と広島になりましたね。帰ってきてまだ疲れも癒えないかと思いますが、きょうはなぜ校長講話をするかという理由の一つに触れる話が出てきます。それは旅をするということです。

旅というのは人間にとって、大変意味のある働きをします。特に教育や研究などの知的な活動をするには、旅が決定的に役立つということはよく言われています。

日本人で最初のノーベル賞は昭和24年、１９４９年の湯川秀樹博士の物理学賞でした。敗戦後の日本人が自信を失っていた頃です。湯川博士の受賞はビッグニュースで、みんなが元気を取り戻したのですが、その湯川さんが残した自叙伝の題が『旅人』です。その自叙伝にこんな文章があるんです。彼は京都で育ち、京都大学で物理学の研究をしてノーベル賞を受けるのですが、戦前に旧制府立京都一中に入った時の校長は森外三郎《そとさぶろう》という有名な人でした。彼が旧制三高に進学した時、森先生も三高の校長に転じたので、合計7年間おつきあいをしたということです。

『旅人』にはこう書いてあります。「私が貴重な青春時代を、この先生のもとで送ったということは、私の一生の中でも、特に重要な経験であった。森先生の影響によって、いったん身につけた自由の気風は、おそらく一生、私から離れないであろう」。ここで、高２の校長講話の

校長講話は学年ごとに行われる

テーマである「自由」が、重要なキーワードとして出てくるんですね。自由の気風を彼が青春時代に経験したことが、その後の人生に決定的な影響を与えたというわけです。どうも自由というのは、研究を進展させるとか人間が成長することにかなり深く関わっていると、うかがい知ることができます。

今のあなた方も青春時代にいます。自分に必要なものを選び知識として定着させる出発点にいるわけですから、様々な悩みが出てくるわけで、その状況を表現した文章をここで取り上げます。

資料にあるのは藤原定さんという詩人の文章で、青春時代について面白いことを書いています。「孤独や、現実の社会に対する不満、懐疑や人生に対する漠然とした虚無感におそわれて苦しみ悩むだろう」「耐えるにはどうすればいいのか。たとえば友だちに真剣に話すことだ。あるいはたとえば倉田百三、三木清、亀井勝一郎などの人生論を読み、考えることだ。そうすれば、悩みは自分ひとりではなかった、もっと深く悩み、考えぬき、迷いぬいた人がいたのだと気づいて、まず人間共存の喜びを感じるだろう」（「青春の情熱」）。つまり、孤独にならないで社会や先人の考えとつながりを持つと道が開けてくる、ということですね。まさに青春時代のあなた方がなすべき作業です。

この文章に名前が挙げられた作家の中で、三木清の『人生論ノート』を資料にしました。今の若い人は読んでいないかもしれませんね。僕らの頃は必ず高校、大学時代に読んだもので、いろんなテーマについて三木清が考えたことが書いてあるんですが、「懐疑について」と題された文章を皆さんの手元に差し上げています。「多少とも懐疑的でないような知性人があるであろうか」「人間的な知性の自由は、さしあたり懐疑のうちにある」。懐疑というのは疑うことで、知性の一つの徳だったんですね。

迫り来るシンギュラリティと「疑う力」

12世紀のヨーロッパで大学という制度が広がってから、ものごとを観察して知識を身につけ、正しい結論を得るという知性と懐疑による活動が本格的になってきました。神の啓示や宗教の教えを疑うことから始め、自分で判断するという考え方を作り上げた力を、近代につくられた知、近代知と言っています。今の社会で近代知が直面している大きな問題が、ＡＩの出現です。２０４０年代、君たちがちょうど40歳前後のバリバリの頃に、ＡＩが人間の知能を超えるシンギュラリティという時代が予想されています。この問題に対応するためには、やはり近代知がどのような経過で生まれ、定着してきたかを歴史的に知っておくことが参考になると私は考えます。

一切の権威を認めないで、あらゆることを根底から疑い、良識と知性の力だけを頼りにして考え抜くこと、こうした近代知の考え方を提唱した人に、15～16世紀にかけて活躍したイギリスの哲学者、トマス・モアがいます。『ユートピア』という本を書き、個人という考え方や自由が成り立つための学問を深めたのですが、自分で考えるということをあまりに強く主張したため、国王の命令で処刑されてしまいます。宗教改革の生みの親といわれているオランダのエラスムスという学者と親友で、二人の書簡集が残っていますが、エラスムスも晩年は非常に不幸な環境に置かれてしまいました。

その後、エラスムスやトマス・モアの主張に影響を受け、聖書の通りに行動することを批判したのが、フランスの哲学者、モンテーニュでした。彼は『エセー』という本を書き、偏見とか先入観を持たずに疑うことを提唱し、懐疑の精神が世界中に広がっていきます。さらに人間の考え方として具体的な方法論を考えてくれたのはデカルトで、『方法序説』に正しく考える方法を示してくれました。そのフランスの近代知、あらゆることを根底から疑って良識と知性の力で考え抜く……という考え方が、フランス革命を生み出したのです。革命の思想的な父親と言われるのがジャン・ジャック・ルソーですね。こうした経緯は、我々がものを考えるときに参考にする、とても大事な流れだということをぜひ覚えておいてほしいと思っています。

フランス革命の前に、ヴォルテールという作家が『カンディード』という小説を書いています。カンディードという青年が、聖書や神、あるいは先生の言うとおりに生きる姿を皮肉も込めて描いた小説で、ヨーロッパ中で読まれました。クラシック音楽ではカンディードという名の曲もたくさん作られています。小説が示したのは、多少の失敗はあっても人間が自分で考える方が面白く楽しいし、生きる意味が実感できるということです。ただ、自分で考えて生きていくためには、自由が必要になります。それはまた、人間にとって難しい問題を起こすわけです。

フランス革命の時にコンドルセという思想家が提唱したのが、前回もお話しした公共圏という考え方でした。公共という概念は、人間が考えて自分で決める際に、制限を認めないと人間そのものが生き延びてはいけないという考え方です。今のＳＤＧｓなども、それを意識しないと人類が破滅してしまうという警鐘で、公共の福祉と密接につながる考え方です。

④学習と非認知能力

「人新世」と地球温暖化問題

高2の諸君の学年テーマは「自由」ですが、この自由というものが知性に関係があり、大学という存在も自由と密接な関係があることに、少しずつ気づいてきてくれたのではないかと思います。自分で自分の人生を決めるためには、大学が役に立ちます。きょうはその大学の話と、皆さんが関心を持つ入試の話をして、自由についての考え方のまとめに入っていきたいと思います。

この学校は非常に自由な学校だとよく言われますね。明るくて、とても自由だという評判が立って、それが魅力の一つになっているわけで、あなた方はそこで5年間過ごしてきました。歴史的にも、人間が自分で選択して生きることを好んだ結果、非常におおらかな気持ちで、いろんなことを受け入れられる人柄のようなものが自由な環境で育っていくわけですね。それは皆さんの人生にとって、とても大事なことだろうと思っています。自分の可能性を信じて、自由にのびのびと生き抜いていってほしいと思っています。

今の時期にこういう話をする背景には、中１から始まった校外行事が終わるということもあります。日本という国の文化を、学校の近くにある鎌倉から始めて奈良、京都、それから広島、さらに日本の文化の基になっている中国に行きます。残念ながら、今はコロナで行けなくなっていますが、代わりに大陸の文化の入り口になった九州に行っていただいたわけですね。文化の淵源をたどっていく学習が高２でだいたい終わるので、例年この時期にまとめの話をしているわけです。

自由にのびのびと自分の能力を伸ばしていくということは、人間だけの特徴と考えていいのです。ダーウィンの進化論によると、地球上の生き物の先祖は共通で、人間もその一員として進化してきたのですが、やっぱり私たちは特殊です。ＳＤＧｓの関連で触れましたが、人間の活動は地球そのものが壊れてしまいそうになるくらい影響が大きいことから、産業革命以降を地質学の時代区分になぞらえて「人新世」と呼ぶ人もいます。人によって地球が作り変えられてしまうという意味で、典型的なのが温暖化現象です。

眞鍋淑郎《しゅくろう》さんという学者がノーベル物理学賞を受賞しました。大気中の二酸化炭素が増えることで地球の気温が変動し、地球温暖化と密接に関係があることを50年以上前に計算式によって証明したのですね。その後、このままでは地球は大変なことになるという事態に、人間はようやく気がついてきました。産業革命以前よりも気温が2度も上昇したら、高地や極地の氷が溶けてしまい、海面が何メートルも上がって水没する地域が出てきます。チベット高原の氷が溶けて揚子江などの大河から海に流れ込めば、チベット高原は砂漠化してユーラシア大陸全体に気候変動が起きます。真剣に知恵を出さなければならない時です。君たちの世代がぜひリーダーシップを発揮してほしいことの一つですね。

それほど大きな影響を与える活動ができる生き物は、他にいません。人間だけが、社会から学んだものを文化として次の世代に引き継いでいく責任があるわけです。その際に、淵源を知る、もとをたどることは非常に大事なんです。たとえば、１３８億年前に宇宙がビッグバンでできた時のことなどを、世界中の科学者たちは必死になって研究しています。生命の起源を探っていくことは、将来の予測にもつながります。気になるのは、何度も話していますが、やはりＡＩの影響ですね。そういう難しい時代に入った時に絶対に必要なのは人間が自由である状態で、そこに結論は落ち着きます。

ベーシック・インカムという言葉を聞いたことがあるでしょう。ＡＩ時代に向けて、全員が一定の収入を得ることを想定した実験をヨーロッパの国などが始めています。機械が行う仕事によって得られた収入を、すべての人間が平等に分けてしまう考え方ですね。みんなが働かなくなってしまう事態も考えられますが、そもそも人間でなければできない仕事もあるでしょう。

近年は、コンピューターのディープ・ラーニングという技術が世界に普及しています。ビッグデータを利用して機械に覚え込ませるほど、ＡＩが賢くなっていく仕組みです。ただし、機械はデータを基に答えを出すので、すべて連続している。人間の脳は機械と違って、原因と結果がつながっていないことについて飛躍的な発想ができるのです。その基はどこにある？　そうです、自由なんですね。あなた方はそのことをよく理解して、高2でこんな話を校長が一生懸命していたことを覚えておいてください。

非認知能力はどうすれば伸ばせるか

自由であるということは、ちょっと頼りないような心配なような気がするかもしれません。たとえば最近の地球上に起きているいろんな現象、マスクの問題一つをとっても、自由なんて許さずに決まり通りにさせればいいと思うかもしれません。でも、本当に全員に強制していいのか、ということを常に頭の中に置いておいてほしいのです。余計なことを考えないで、決めたことをみんなが守ればいい、なんて考えていたら、機械と同じになってしまいます。

自由からは、冒険心とか失敗した時にやり直す再挑戦とか、好奇心が生まれます。いわゆる非認知能力ですね。

非認知能力は教えられません。自分で育てるより仕方がない。出発点は自己認識で、自分を理解することです。自分を理解できなければ能力も意欲も育たない。それによって生まれてくるのが自己肯定感で、自分はこの点で必ず役に立つ人間なんだという意識をしっかりと持つことが大切です。私は60年間教員をやってきて、計算したら十数万人の生徒を見てきました。その中にただ一人として、役に立たない、しょうがない人というのはいませんでしたよ。必ず何か良いところがある。その能力を持っている人間は他にいないということは、科学が証明しています。自分が価値のない人間のように思ってしまうというのは、一番の間違いだと私は思います。そこには自由というものが根っこにある必要もありますね。

他の人から言われた通りにするのはやめましょう。結果的に、言われた通りにすることになっても、いったん自分で考えてみることです。そうだなと納得できればやればいい。ただ言われているからやるということだけは、やめた方がいいですね。癖になってしまいます。

「起承転結」は日本の伝統？

最後にいきましょう。大学入試には各国の文化的な背景があり、知っておくと面白いですよ。典型的な例で言うと、論文の書き方ですね。

日本の論文の書き方には、起承転結というものがありますが、それは中国から伝わった文化です。日本で文章を書くようになった8世紀以前は、漢籍といって中国で書かれた本が読まれていました。フランスとかドイツでは、ヘーゲルというドイツの哲学者が考えた文章の書き方、弁証法が使われています。アウフヘーベンといって、こういう意見もあるけれど違う意見もある、それで結論はこうだと示していく弁証法的な書き方を、ドイツのアビトゥアとかフランスのバカロレアという大学入学資格試験の論文では推奨されています。両方の説を比較し、統合する弁証法の結論は、大体穏健な説になりますね。ところがアメリカは違います。大学への出願では、志望理由や自分の考えを論述する「エッセイ」を提出するのですが、そこでは自分の言いたいことをまず書く。次に、それを補強する論拠を説明します。結論はさらに強く自分の主張の正当性を述べる。これが基本的な書き方です。だからヨーロッパ流とアメリカ流では、論文の構成を見るとかなり違うのです。

いずれにせよ、大学で学ぶリベラル・アーツの基は、ギリシャ哲学にあります。ギリシャ哲学は、宇宙がどうなっているのかという理系の学問、その宇宙の中で生きている人間はどんな存在なのかという文系の学問につながります。人間はどう生きるべきかというのがギリシャ哲学の最終テーマで、これは倫理学という学問になっていますが、結論としては大学では教えてくれません。自分で考えるテーマです。言ってみれば、人間はどうあるべきかということを考えるために、大学へ行くんですね。

⑤自己認識とメタ認知

個人主義と近代化

中高生のリベラル・アーツとして行っている校長講話も、高校2年生では最終回になりました。学年のテーマは「自由」ですが、ウクライナではいま、自由が圧殺されています。自由というのは基本的に、個人の尊厳、権利を最大限に尊重する考え方です。そういう考え方に基づいてつくられた社会は人類にとって一種の理想郷で、実現するのはなかなか難しい。

フランスのデュルケームという社会学者が、人間の社会を二つに分けて考えると分かりやすいと指摘していました。一つはみんなが農業など同じような仕事をする「類似による連帯」が強い社会。もう一つが都市生活で生まれた分業型の社会。中世から近代は分業型への転換期で、そこに個人という意識が欧州で生まれるわけですね。英語ではインディビジュアル。これ以上分けることができないという意味でしょう。明治時代に日本の知識人が集まって、外国の本を翻訳したのですが、インディビジュアルという言葉が出てきても何だか分かりませんでした。明治16年の本に、ようやく個人という言葉が出てきます。江戸時代までの日本は生産力のほとんどが農村にありましたから、個人という考え方が生まれる余地がなかったのです。アヘン戦争で中国がイギリスに大敗したことを受け、日本も個人という考え方を基本に近代化しないと植民地になってしまう、という危機感が広がったことが、明治維新という変革を日本にもたらす要因になりました。

日本の社会には、それまで個人を大事にしなければならないという考え方がありませんでした。欧米の社会に直面して、変わらないと大変なことになると悩んだ知識人の代表として、夏目漱石の『私の個人主義』という本の文章を資料として渡しています。現代の日本は個人を大事にする社会になっていますから、今お話ししたような背景を知らないと、漱石がなぜこんな文章を書いたのか理解できないでしょう。

第二次世界大戦中、私は小学生でした。軍部により人々の様々な自由が制限されましたが、日本には個人という考え方が弱かったために、自由こそが人間を発展させる原動力なのだという発想もなかったのです。いま世界が、自国の自由を守ろうとするウクライナという国をロシアが攻撃したことに反対しています。自由が貧困と格差を生み出し、再生産し固定化しているのは確かで、解決するためには、いろんな方法があるでしょう。しかし、自由を持たなくなることは私には想像がつかない。いろいろ考えて自分で決めることが人間の特徴で、人類社会は数百年もかけて基本的人権という考え方にたどりつき、確立してきたのです。自分の人生を自分で決めるということは誰にも侵すことができないのであって、自由とは不可分の関係です。

夏目漱石は個人主義を「自己本位」と説明しています。みんなが自己本位で考えて行動してもいい、そのことがみんなの役に立つという考え方は、アダム・スミスの自由主義経済の理論そのものですね。漱石はイギリスで勉強しましたから、影響を受けているのでしょう。

植物学者の牧野富太郎さんの資料も紹介します。好きなことを一生懸命やって成果が上がり、それが誰かの役に立つのが嬉しい、という生き方は、自由がないとどうしても実現できませんね。

ロボットにならないための教育

あなた方が活躍する時代は人工知能が出した結論に従って生きていて、何か悩んだらＡＩに相談して生きていくことになりそうですね。でも何となく、それは気味悪くありませんか？　多くの人がそう思っているようで、いまアメリカで注目されているのが「ロボット・プルーフ（Robot Proof）」と言われ、ＡＩ化、ロボット化した時代をどう生き抜くか考える教育です。自分で考えて創造力を発揮する力を育み、どんなに詳細に人工知能が答えを出したとしても、人間にはそれを超える力があることを忘れないようにしようというのがこの教育の趣旨です。

人間には自己実現欲求というものがあって、自分がそのために生まれてきたと思えることが見つかれば、自己実現できますね。君たちの年代はアイデンティティを確立しようとして、必死にもがいている時期です。そのために、大学では人間というものを幅広く理解するリベラル・アーツを学ぶわけです。孔子の四書五経などはまさにリベラル・アーツなのですが、体系的な学問になっていない面があります。やはり西洋の文化に学ばざるを得ないと実感しています。

あなた方がこれから生きていく上で、自由の大事さを説明しましたが、自己決定、自己選択することが自由の意味なんですね。自分が決めたことができるだけ正しく、真理に近いことをしたい、そう思うから勉強するわけです。ただし自由主義社会というのは理想郷で、実現させるための不断の努力が人類を発展させてきました。自由というテーマで高校2年の時に話を聞いたことを覚えておいてほしいと思います。

6章　高3「基本的人権とは～自分探しの旅立ち」

①人格的自律権と自調自考

自分の人生に責任を持つこと

毎年、3年生の校長講話の最初に申し上げていることは……これ読めますか？　蛹《さなぎ》です。蝶になる蛹、いま君たちはこの状態だということです。蝶になる前に、台風が来ても大丈夫なように青虫が自分で固い殻をつくるわけですね。それを自力で食い破って出てきて、蝶になって自由にひらひらと大空を飛び回るのです。

あなた方は来年、大学入試を受けますね。大学は、自分で自分の人生を決める場所です。基本的人権については、これまでの校長講話でも説明しましたが、詳しくはこの学年で学びます。人権とは人としての権利ですが、それは大学に行くことと、かなり関わりがあるということを、歴史的な背景も含めて説明してみたいと思います。人間である以上、基本的な権利があるという考え方は、昔からあったわけではないのです。

資料に京都大学の法学部長をしていた佐藤幸治さんの文章があります。私の友人で、日本で裁判員制度を導入するときに理論的リーダーになった人です。この文章によると、基本的人権が意識されたのはフランスの人権宣言だったと言われています。その思想はほとんど変わらずに、国連が提言した世界人権宣言にも反映されています。その全文の載った冊子を高3の最後に皆さんに差し上げます。世界中の人が基本的人権について理解するための資料になります。

現代社会では、自由で民主的で法の支配があり、基本的人権が守られていることを世界中が共通の認識として持っています。神との契約以外について個人が自由に行動するという考え方では、当然、個人の責任が問われるようになっていきます。たとえばドイツの憲法の第1条では、個人には尊厳があり、基本的人権を持っているということが書かれています。第2条では人格権という規定があり、他人の権利を侵害しない限り、自分の人格の「自由な発展」を追求できると明記されているのです。日本国憲法では十分表現されていないのですが、考え方は同じで、基本的人権は第11条、内容は第13条に書かれています。英語ではパーソナル・オートノミーと言います。つまり人格的自律権ということで、オートノミーは自分でやることという意味です。自分の人生は自分がつくるもので、あなた自身の責任です。これが基本的人権という考え方の中核です。

皆さんには、自分の人格を大学でつくってほしいと思っています。高校までは教師と生徒が教える人・教わる人の関係ですが、大学では基本的に先生も学生も対等です。大学でも教わることがあるし、アドバイスやヒントをもらうこともあるでしょう。しかし、対等でなければ自分の人格をつくりあげる責任が持てないですよね。大学は人類の文化を進歩させるためにとてもよい仕組みだということに世界中の人が賛成して、それぞれの国で一生懸命によい大学をつくっています。ですから大学に行くことは、一人一人が進歩するために意味があると私は考えています。そのための準備をするのが高3という段階ということです。1年間、楽しくやりましょう。

②モラルと正義

レイバー、ワーク、アクション

ある奨学金の選考委員会で多くの学生に会ってきたのですが、大学生は今、大変苦しんでいる状況ですね。新型コロナウイルスによる影響で、20年は大半の授業がオンラインになってしまって、1年間全く友達ができなかった、家にこもってオンラインで授業を聞いただけだと訴えてきた学生もいました。大学とは本来、実存ということ、自分の生きる意味を考える場所なんですね。それはつまり、自由になる、ということで、英語のフリーダムとかリバティという言葉の中身は、今まで校長講話で話してきたように、自己決定、自己選択ということになります。

今の時代には、自分の人生を決める時の参考になる考え方として、「正義」という言葉が使われています。アメリカのハーバード大学では、マイケル・サンデル教授が「正義」について の授業をしています。ハーバード大に行った君たちの先輩によると、ジョセフ・ナイ教授による「ソフト・パワー」の授業と並ぶ大変な人気だそうです。サンデル教授が来日して

「白熱教室」というNHKの番組に出演した時、本校の生徒も参加しました。

サンデルは、個人の能力や努力の成果を高く評価しすぎることをやめようと提唱しています。成功した人の場合、結局はかなりの割合で「運」があると考えているためです。

そのことを理解する上で、ハンナ・アーレントという女性を紹介しましょう。20世紀の代表的な政治哲学者と言われるドイツ出身のユダヤ系アメリカ人です。アーレントは『人間の条件』という著書の中で、ギリシャの小規模な都市国家で行われていた民主政治が、人間の生き方の本質を提示した、と指摘しています。2500～2600年前のアテネとかスパルタ、テーベといった都市国家での市民の仕事の仕方には、三通りありました。一つ目はいわゆる労働で、英語で言うとlaborです。slave（奴隷）という言葉が転じたもので、生活を維持するために否応なしにする仕事という意味がありました。二つ目は、自分の理想や夢、やりたいと思うことを実現するために働くことで、英語で言うと、work（仕事）にあたります。三つ目が、ポリスと言われる都市国家の人々のために仕事をすることです。人類が求めるものを実現するために働くことで、ハンナ・アーレントはaction（活動）と言っています。レイバーとワークとアクション、この三つが人間の働き方としてあったということです。

ギリシャ時代を評価するのは、市民の仕事のほとんどがワークとアクションだったからだとアーレントは言っています。ただし、当時のギリシャでは、レイバーを自由人と呼ばれる市民ではなく、奴隷が担っていたという事情があります。20世紀以降の社会で人間が生きるということを考えた場合、このワークとアクションが中核になる生活が「人間の条件」になるとアーレントは説きました。サンデルの正義についての論考も、こうした考えに多分に影響を受けています。

アメリカ国民の「心の習慣」

アメリカという国は、個人の自由を最も大事にするという目標に基づいてつくられた国です。ヨーロッパから大西洋を渡ってアメリカに入ると、ニューヨークの入り口にある島に、巨大な「自由の女神」の像が立っています。それを見た人たちは「ああ、自由の国にきたな」と思うんですね。アメリカが独立国家になった当初、フランス人思想家のアレクシ・ド・トクヴィルが、アメリカ人がどんな生活をしているか現地調査をしました。その結果、人々の特徴をHabits of the Heartと表しています。「心の習慣」という意味で、私が大好きな言葉です。つまりアメリカ人は個人主義で一人一人勝手なことをしているように見えても、皆が共通に持っている心の習慣があるというんですね。その中核に正義という考え方があると言われています。

　個人が自由に生きる国であるからこそ、アメリカでは、正義を大事にしようという理論の構築が進みました。アメリカのロールズという学者は『正義論』という著書の中で、非常に明快な主張をしています。まず重要視したのは、機会の均等です。結果の平等ではありません。共産主義は20世紀に壮大な実験をしましたが、うまくいかないこともたくさん出てきて、多くの国が、共産主義を基にした国造りをやめてしまいました。国民がとにかく平等であればいいという考え方を強行すると、官僚の支配によるゆがみなどが出てきて、いわゆる強権国家になってしまいます。ロールズはそういう考え方を正義に持ち込まず、あくまで機会の均等を保障した上で、貧富の格差の再生産を防ぐことを主張しました。個人の活動から正義を考えるのではなく、人間としての集団から考えるという発想です。

マイケル・サンデルの正義論

　みんなのためになる生き方を、国連では今、エンパシーの運動と位置づけています。高2でアダム・スミスの自由主義経済の話をしましたね。一人一人が思い切って自由に活動することを認める経済は、市場全体を活性化させます。ただし、スミスが説いたシンパシー、みんなが共感しないことはやらないという判断基準がないと、自由主義経済が維持できないし、豊かな人間生活も保障されません。その考えは今、エンパシーという表現で国際的に使われるようになっています。シンパシーというのは本来、たとえば隣の人が失敗した時にかわいそうと思うことだけでなく、隣の人が大成功したら素晴らしいと思うことも含まれるんです。ところが時代が変わり、シンパシーという言葉は同情心のみを表すようになってしまったのです。そこで共感という言葉の本来の意味を伝えるために、エンパシーという言葉が使われています。このエンパシーにつながるのが、サンデルによると正義ということなんですね。

みんながいいと考えることが正義の核になると主張する人をコミュニタリアン（Communi-tarian）、共同体主義者というのですが、そういう考え方が世界の主流になりつつあると言っていいでしょう。サンデルの授業は18世紀のイギリスの哲学者、ベンサムの功利主義の話から始まって、ミルのリバタリアニズムという自由至上主義、そしてカントなどの哲学の背景を説明してロールズに至り、最後にアリストテレスについて説明するわけです。このアリストテレス哲学を最後に持ってくるのが、とても上手いと思いますね。

ヨーロッパの大学が本格的に成立したのは12〜13世紀ですが、当時のキリスト教社会に導入されたのが2500〜2600年前にギリシャで活躍したアリストテレスの哲学でした。

キリスト教とアリストテレス哲学をうまくドッキングさせて説いたのが13世紀のイタリアの神学者、トマス・アクィナスです。彼の活躍で、ギリシャで生まれた自由や幸福といった考え方がアメリカの独立戦争やフランス革命で活用されるわけですね。フランス革命では、人間がつくる社会の目標として自由・平等・博愛という標語が出てきましたが、近現代の社会では正義という切り口で考えると、直さなければならない問題がたくさんでてきたのは、これまで説明した通りです。自由・平等・博愛が基礎にあるはずの自由主義経済社会をつくって繁栄した結果、大変な貧困と格差が生まれて再生産され、是正する道がなかなか見つけられない状況です。その矛盾が今の我々の社会に課されたテーマであり、正義に従って直していくことを考えてみようじゃないかと言われているわけですね。その方法論は、非常に簡単に言えば、「みんながいいと思うことは実現するようにする」、そして「みんながそう思わないことはやらないようにする」。アダム・スミスのシンパシーと通じることですが、これが正義の基本にあるというサンデルの主張が、今世界で論議されているわけです。

君たちは受験勉強をしているから、きょうの話について考える余裕はないかもしれません。それでも、そんなことがあるんだということくらいは、後で思い出してください。君たちには、人類社会が長い時間かけて作り上げてきた素晴らしい「知」の力を大学で鍛え、自分の人生を送る力にすることを期待しています。その際に、モラルというもの、守るべきものもあるということをしっかり考えておいてほしい、というのが私の君たちに対するお願いです。

③これからの日本

「インクルージョン」がカギ

高3の最後の3回は、これからの人類社会はどうなっていくのか、人間がどう変わっていくんだろうか、そういう時に何が大事になるんだろうかということをテーマに、切り口を変えて話したいと思います。中高生のリベラル・アーツのまとめと理解していただければいいでしょう。

これからの世界で大事なキーワードの一つが、インクルージョン（inclusion）、包摂という考え方ですね。オリンピックとパラリンピックに取り入れられている考え方でもあり、いろんな人が一緒に生きていくということを象徴的に表している言葉です。たとえば、障害のある人がそうでない人と一緒に授業を受ける。これからの社会では、インクルージョンに反するようなことは認められないんです。大人の社会に入っていく君たちは知っておいてください。

それから、コモンロー（common law）という言葉がありますね。「普通の人」の法律というような意味で、すべての人が平等に扱われるということを意味しますが、最近はエクイティロー（equity law）という言葉を使います。エクイティは均衡を保つという意味で、障害の有無や人種などにかかわらず平等であるために法律をつくるという考え方です。

現代社会で侵してはいけない最大のものは、基本的人権というもので、世界中の人が大事にしなければいけないと考えています。その中核にあるのが人格に関わる自律権で、簡単に言えば、自分の人生は自分が決めるということですね。自分で考え抜いて決めれば、失敗しても後悔はあまりない。それを最初に提唱したのは、ジャン・ジャック・ルソーで、人格に関わる自律権が幸福に至る基本だという彼の考えが、フランス革命を生み出したわけです。

上下ではなく「平面」の違い

フランス革命を生み出した思想は、人権宣言という形で文章になって表されています。人間には一人一人違いがあることを尊重する考え方が基本になっていますが、それは「上下」の違いではなく、平面上の違いであるわけです。たとえば人に優しい、人の気持ちがよくわかるという能力。一度聞いたら絶対に忘れない能力。素晴らしい芸術をつくり出して、みんなの気持ちを和らげてくれる能力。どれも平面上の違いなのに、やはり社会生活の中では、上下を生み出すような能力の違いが表へ出てきてしまいますね。

その理由は功利主義だということを、マイケル・サンデルが著書『これからの「正義」の話をしよう』に書いています。大成功して威張っている人も、単に運が良かっただけではないかという極端な言い方で、功利主義を取り除こうとしているのです。

基本的人権に対する考え方は、国によって少しずつ違います。君たちが社会人になって活躍する際に、その微妙な違いは知っておいた方がいいと思います。参考になるのは、やっぱり歴史で、きょうはその資料をいくつか、紹介しましょう。

スクリーンに映し出されているのは、ただの素朴な羊皮紙に見えますが、イギリスで1215年に定められた「大憲章」とも呼ばれるマグナ・カルタです。私が大英博物館で買ってきたコピーが学校の図書館に張ってあります。重税を課す王に対し、貴族たちが法に従うよう要求してつくられた文書で、最も有名な条文は「何人も国法による正当な手続きなしに捕らえられたり投獄されたりしない」。すべての「自由人」に公正な裁判を受ける権利を与えるという内容です。

【英国で製作されたマグナ・カルタの動画が流れる】

マグナ・カルタはイギリス人の基本的な人権に対する考え方に大きな影響を与え、人と人との契約という今日の社会の根本となる考え方を成立させました。2015年には制定から800年を迎えたのを記念した動画が製作されるなど、イギリス人の誇りになっています。

フランス人はフランス革命を誇りにしています。彼らはそこで出された人権宣言を非常に大事にしていて、頻繁に引用します。現在に至るまでその影響が残っているということは、歴史を知ることで理解できるのです。

アメリカの民主主義については、前回話した『心の習慣』というものが根底にあります。これだけはしてはいけないという共通理解があって、その心の習慣に反することはやらない。象徴的な存在が、小切手ですね。小切手帳というのは、本人の署名さえあれば有効になるんです。自分で発行するお金のようなものです。このサインをまねして偽造するとアメリカでは重罪になります。公正（fair）であることを、とても大事にしているからです。たとえば湾岸戦争の時、イラクの大統領が演説の中で、アメリカに対して not fair と繰り返すので驚きました。アメリカ人が一番嫌う言葉だと知っていて口にしたわけですね。

日本社会の特徴とは

それでは日本はどんな国でしょうか。それを象徴的に分析した本が『菊と刀』というルース・ベネディクトという女性が書いた本です。日本と戦争を始めたアメリカは、100％日本に負けるはずがないと思っていたんですね。ハワイの真珠湾攻撃が起きた後、政府が識者を集めた委員会で、日本の占領政策を研究させたそうです。その責任者がコロンビア大の人類学者、ルース・ベネディクトで、これだけでもう日本はアメリカに勝てるわけはないなと思いますね。その頃の日本では、女性に大学に入ることや参政権も認めず、平等に扱っていませんでした。アメリカは第二次大戦後、ルース・ベネディクトという女の人がリードしてつくった政策により日本を占領したのです。その分析で、有名な「恥の文化」という言葉が使われ、『菊と刀』にも登場しています。日本人は恥をかかないことを大事にする民族で、いわば恥はタブーであるということです。この本でルースは日本人の「自由」について面白い分析をしています。欧米の人は幼少期と老年期はほとんど自由がないが、青・壮年期は全くの自由を享受している。日本では幼少期と老年期に「最大の自由」が享受され、青・壮年期は自由が強く制限されているという分析です。

私も自分なりに日本人の特徴を考えて、スライドを用意しています（写真を参照）。ぜひ知ってほしいのは、604年につくられた十七条憲法のことです。有名なのは第一条で、「和を以て貴しと為す」。日本の社会を形成するのに必要な心の習慣のようなもので、十七条憲法の第一条に定めているのは、とても大きな影響があるのではないかと思っています。

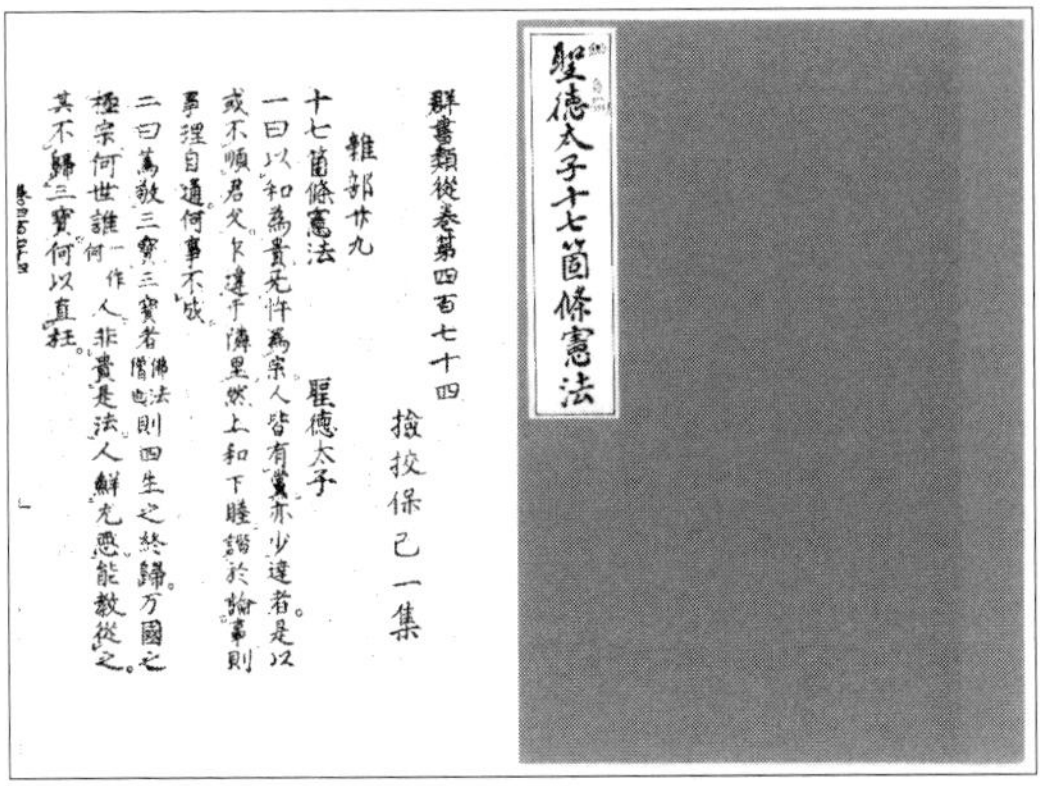
聖徳太子十七箇條憲法

群書類従巻第四百七十四
檢挍保己一集
雜部廿九
十七箇條憲法　聖徳太子
一曰以和為貴无忤為宗人皆有黨亦少達者是以
或不順君父乍違于隣里然上和下睦諧於論事則
事理自通何事不成
二曰篤敬三寶三寶者佛法僧也則四生之終歸万國之
極宗何世誰何人非貴是法人鮮尤悪能教從之
其不歸三寶何以直枉

「群書類従」の十七条憲法

ここで知ってもらいたいのは、中1の時に話した塙保己一という人についてです。江戸時代後期に『群書類従』という書物を編纂し、散逸していた日本人が書いた書籍、国書を整理しました。日本中から集めて山桜の版木に彫った国書の中で、最も古い文献が十七条憲法なのです。日本人の考え方が示された文章の第一号と位置づけられるでしょう。

和を以て貴しと為すという言葉は、2500年前に書かれた中国の『論語』に収められています。日本人が発明した言葉ではないのですが、とても大事にされていて、日本文化、日本社会の特徴と言っていいのではないかと思います。

tatamiser《タタミーゼ》という言葉があります。フランス語で畳を語源とし、日本文化が好きな人を指すのですが、日本語を勉強する人は、フランス人なのに日本人のようになるという意味もあるそうです。つまり、あまり自己主張せず、周りに気を遣って、慎み深く生活するようになってくるというのです。社会が人間に大きな影響を与えるということが、その言葉でよくわかりますね。『源氏物語』はその典型です。日本という文化が生み出した文学作品で、素晴らしいのですが、誠に日本的です。というのは、あえて言えば論理的ではないんですね。その時の感情を大事にするので、本居宣長は『源氏物語』を「これは日本民族そのものだ」「もののあはれの文化だ」と説明しています。

イギリス、フランス、アメリカ、日本の文化の特徴を説明しましたが、アメリカはさらに共和主義、要するにみんなで相談して決めることを大事にしています。そこから外れると「おかしい」と攻撃されるのですが、アメリカ人がおかしいと思っても、アフガニスタンの人はおかしいと思わないというようなことが、世界にはたくさんあるでしょう。そこを理解しないと、世界はうまくいかないということも考えたいですね。

④文化の進歩

なぜ、試験の時に「あがる」のか

高3の諸君とは、そろそろお別れが近づいていますね。6年間おつきあいいただいた校長講話も、そろそろまとめに入ります。なぜ校長講話をやっているかということについて、今回と最終回で改めて話したいと思います。

その前に毎年この時期に話すことがあって、資料をお手元に差し上げました。「あがり症を防ぐ」ということですね。知性の中身には、いわゆるパトスとロゴスがあって、理性的なロゴスの作業をパトス、つまり感情が支えています。その過程で、あがるという現象を引き起こしてしまうんですね。あがってしまうと、理性がうまく働かない。ホモサピエンスとして完成されていない人はよくそういうことを起こすと言われています。力が発揮できない現象を起こさないようにするにはどうすればいいか。精神的に落ち着いている、安定しているということは、とても有用になるんです。慌ててその時に対応するのではなくて、普段から精神的にゆったりするようにしてみると、あがる現象はほとんど防げると言われています。

最近はメンタルトレーナーという専門家が、オリンピック選手などにアドバイスしているそうですね。試合に臨むにあたり、１２０％、１５０％の力を出すぞという気持ちになることが大事だということです。普段出していないような力を発揮するためには、それなりの精神的な準備が必要で、感情と言葉がとても重要になります。たとえば、自分の力を超えるような難しい試験に挑戦する時は、受かるぞ、受かるに決まっていると思い込む。そうすると、気持ちが落ち着いてくるそうです。

ゆったりした気持ちを身につけるために、普段から実践するといいとされているのが、あがり症を防ぐ体操です。資料に書いてあるけれど、やってみますか？　これを普段から、試験勉強を始める時にでも１、２か月繰り返すと、精神的にゆったりした気分になって、しかも緊張感は保てる状態で、あがらなくなるそうです。少しあがるくらい緊張した方がいいという説もありますが、実力を発揮できなかったケースを私たちも見ていますからね。頑張って結果が出ないのはかわいそうだと思います。

古代ギリシャの民主主義

あなた方が今生きている世界は、一人一人が思うように活動することが認められている社会で、その基は今から2500年ぐらい前に古代ギリシャでできあがった民主主義という政治形態でした。

ギリシャ半島やイオニア地方と言われる地域の周辺は、5000年以上も前から、エジプトやメソポタミアといった専制的な国家が発展していた地域です。その近くのギリシャ半島では周囲の古代文明の影響を受けて、小規模の都市国家がたくさん生まれるという特殊な現象が起きました。アテネは紀元前1500年頃、スパルタが紀元前800年頃ですから、ピラミッドを作ったエジプトや多くの遺跡があるメソポタミアなど華やかな古代文明の周辺で、ひそやかに生まれた都市国家群が、民主主義政体というものをつくるわけです。

当時の民主主義の形を理解するには、アテネの代表的な政治家と言われるペリクレスが紀元前430年に行った演説が参考になります。「我々の政治形態は少数者の独占を排し、多数者の公平を守ることを旨とし、民主政治と呼ばれる」……こう演説したんですね。我らのポリス、つまり都市国家はギリシャの理想を表した形であり、その中身は我ら一人一人の市民が人生の広い諸活動に通暁し、つまりよく理解して、自由人、自由である人の品位を持ち、そして己の知性の円熟を期することができる。そういう政治的形態が民主主義政体だと説明したのです。そのまま、今の世界で大事にされている考え方ですね。

アメリカ版の道徳教育

皆さんがこれから出て行くのは、グローバル化社会と言われています。世界の多くの国では、民主主義という考え方が基本になっていて、個人を非常に大事にしています。自分の考え方を主張する上で、様々な国の歴史をよく理解し、敬意を払うことは、とても大事ですね。

私はパリで開かれるユネスコの会議に行った時に、他の国の教育関係者に、それぞれの国の教育が大事にしていることを聞いたことがあります。アメリカ人に尋ねると、ほぼ全員が言うのは、心の習慣、それからキャラクター・エデュケーション（character education）でした。これが小学校版のテキストです。中身は、アメリカ版の道徳教育ですね。イギリスなどではシチズンシップ、市民教育という言い方をしています。アメリカのキャラクター・エデュケーションは、明確に心の習慣を身につける教育を特徴にしています。パーソナリティーという言葉は人間的なそれぞれの特徴ですが、キャラクターというのは、お芝居の役や役職などを意味します。つまり訓練して、いろいろ手を加えて人格を作り上げるという意味があるのでしょう。

次にドイツを取り上げてみましょうか。ドイツという国は、日本と同様に世界史に遅れて登場した国と言われています。ドイツ人を理解する上で基本になるのは、ゲーテの『ファウスト』を読むことだと私は考えています。『ファウスト』などの作品が生み出された「ゲーテハウス」などで構成される「古典主義の都・ワイマール」は、ユネスコの世界文化遺産に登録されています。ドイツの文化的、学術的な出発点がその周辺にあると考えられているのです。あなた方の年代であれば、『ファウスト』に出てくるドイツ文化の特徴を理解するために、『ヴィルヘルム・マイスターの修業時代』という小説を読むと面白いと思います。主人公の成長過程を通して、ドイツ的な教養が作品の中に表れています。同時代には、カントやヘーゲルも世界に大きな影響を与える哲学者として登場し、ドイツ国民の考え方の基本になっています。

ラディカルだったフランス革命

西欧の文化は世界に大きな影響を与えましたが、その中核としてフランスの影響を見逃すことはできません。アメリカの独立戦争やイギリスのマグナ・カルタは非常に重要な歴史的成果ではありますが、フランス革命はラディカルだったという点で、決定的な影響を与えたんですね。世界中に影響を与えたフランス革命の出発点は、人間が自分で考えることを大事にしなければならないという思想です。その具体的な方法を説明したのがフランスの哲学者デカルトで、人間が自分で考える道筋を『方法序説』という本に書いています。同じフランスのパスカルは、デカルトの考え方に対して、そんなにすべてのことを人間がやれますか、という疑問を投げかけました。現代の私たちの感覚と共通している面もありますね。たとえば生命科学者の多くが、生命を研究していけばいくほど、どうも神様がいないとこんなことはできないんじゃないかという疑問にぶつかるそうです。理論物理学者のアインシュタインもそうで、先駆者がパスカルなんですね。そして、人間の力を信奉するという考えをまとめたのがジャン・ジャック・ルソーで、幸福とは何かを追求したルソーの思想が、校長講話であなた方に伝えたい基本的人権の考え方を生み出したのです。

すべての人間が持っている基本的人権というのは、いろんな権利がラッキョウとかタマネギのように重層的に重なっていて、その総体を言うのですが、外側の権利をどんどん取り除いていくと、最後に残る一つの権利、これがなくなったら基本的人権はなくなるというものが、人格に関わる自律権です。自分で自分の人生を決めるという考え方です。

自分が生きているのはどういう意味があるんだろうか、何のために生きてるんだろう、と今の時代は誰でも考えます。しかし、それはフランス革命が人類社会に決定的な影響を及ぼし、思想的な変化が起きてからなのです。人生にどういう意味があるかを考えるのも自分の責任で、ああ、生きていてよかったと思えるようなことを生み出すためには、人間の考え方の歴史的な変遷について知っておくことがとても大事です。校長講話は、少しでもそういうことを紹介できればと思ってやっているわけです。ちなみにルソーの思想はまことにラディカルで、それがフランス革命につながって民主主義が生まれたのですが、彼の唱えた「一般意志」からファシズムが生まれたとも言われています。ルソーは大変な人ですね。

人工知能が支配する時代には何が大事でしょうか？　人間は基本的な人権を持っている存在だということを忘れないでほしいですね。ＡＩが出した答えは参考にして、最後は自分で決める生き方をしていかないと、中世の時代に戻って、ＡＩが昔のバイブルのようになってしまう。海外でも、人間が一人一人考えるということがなくなる事態が非常に心配されています。まさに、あなた方の世代に直接降りかかるテーマになるだろうと思います。

⑤インテレクトとインテリジェンス

当事者意識～校長講話を思い出して

きょうはいよいよ最終回なので、よろしくおつきあい願いたいと思います。校長講話では、中1から発達段階をふまえてテーマを決めるのですが、最終的な目的があって、それはあなた方が社会人として活躍し、できれば、ああ生きててよかったと思える人生を送ってほしいということです。ヨーロッパでは中高生からリベラル・アーツを学んでいます。基本になるのが、ルネサンスの影響でイタリアの大学で生まれた学問群ですが、フランスの高校では哲学の授業で、人間とはどういう生き物かを論じています。この学園でも、40年以上も校長講話を続けてきたのです。

中1では、「かむかう」ということ、つまり人の考えを知るということを学びました。人が考えるためには、広い意味での人間関係がなければならない。生きている人とつきあうだけでなく、会ったこともない昔の人の考え方を読書を通して知ることもできます。

中2では、人はそれぞれ違うということをはっきりさせて、中3では、人間の創造力について学びましたね。高校では、自由の意味と基本的人権、民主主義について考えました。高３でテーマにしたのは、自分探しの旅立ちでしたね。

私が一生かけて出した結論は、自分がリベラリストでありたい、ということです。自由であるということは、生き物としての私の根幹なんですね。その理由をあなた方に伝えますが、全員が同じ考えであってほしいということではなく、参考にしてほしいと思っています。

校長講話では、人間が今までやってきたことで歴史的な事象や古典とされているものを取り上げ、人間が変わってきたこと、変わらないことについて学んできました。これからは、ビッグデータを使えば、人工知能がリベラル・アーツの役割を担えるのではないかという見方も出てきます。しかし、実はそうでもないということを伝えたいのです。

２０１３年に、マイケル・オズボーンというイギリスの学者が、現在のアメリカ人が就いている職業の多くが人工知能に置き換わるという予測を発表して社会に衝撃を与えました。現在の職業の47％が置き換わるという予測ですが、どの仕事もテクノロジーに任せるということには非常に注意深くしなければならないとオズボーンも言っています。人間の尊厳を傷つけないようにすることが大事なのですが、人間の尊厳とは何を意味するのかを探るには、生き残る仕事を予測すれば分かるかもしれません。この仕事はどうしても人間がやらなければならない仕事だというのは、なんとなく分かりますね。それが人間の尊厳に関わることなのです。

ＯＥＣＤ（経済協力開発機構）はそれを「エージェンシー」という言葉で説明しています。人工知能が支配する社会でどんな教育をすべきか、どう生きていくべきかを議論する委員会がまとめた報告では、これからの教育はエージェンシーを中核にすべきで、将来の仕事は、人間のエージェンシーを傷つけない範囲でテクノロジーに任せる、と提案しているのです。エージェンシーとは何か。「主体性」とか「自ら考え、主体的に行動して責任を持って社会変革を実現していく力」といった訳もあります。私は「当事者意識」が分かりやすいと考えています。つまり、人間が当事者意識を持てる仕事を大切にすべきだということです。人に言われたことをやるのがレイバー、人から言われたことの中から自分が面白いと思うことをやるのがワーク、言われなくても自分が絶対にやりたいと思うのがアクションとかミッション、という話はしましたね。三番目の仕事をする人は、当事者意識の塊でしょう。自分が何をしたいか、何をするために自分は生きているか、一人一人がそういう意識を持って人生を送る時代になってきています。あなた方は自分の人生をどう生きるか考えるとき、このことを思い出してください。それがリベラル・アーツとしての校長講話を学んだ意味であり、中学高校時代に学んだことが役に立つと思っています。大学に入る時にそういう意識を持ってもいいし、入った後に自分のやりたいことと違うなと思ったら、専門を変えてもかまわないのです。

自分の人生のために役立つと思ってする仕事は、機械が取り上げようもありません。人の心に関係のある仕事、特に創造的な仕事であれば、ＡＩも手が出せないことを知っておく必要があると思います。最後の講話なので、この世界人権宣言の冊子を全員に配ります。自分の人生は自分が決めるという基本的人権、その権利を行使する時に、エージェンシーという言葉を思い返してほしいですね。

意識下の世界を意識する

現代社会に大きな影響を与えた存在として、中3でカフカの『審判』を取り上げ、フロイトの名前を挙げました。意識下の世界というものがあって、意識の裏にあるものが人間の考え方、行動に大きな影響を及ぼすと気づかせてくれた人たちです。その世界が生み出す力が非認知能力です。スクリーンに映し出された表を見ましょう。これまでも何度も話してきた非認知能力の項目で、まさに意識下の世界です。こうした能力は教えることができない、こうすれば身につけられるとは言えない。自分で育てていく必要がある力です。その出発点となる自己認識は、他の人が教えることは到底できませんね。その人がやること、本人の心の中の問題なんです。自己認識をしたその人に必要な忍耐力、自制心、回復力、創造性……。あなた方の人生の道を切り開いていく時に非常に大切なことです。

医療に心療内科という分野がありますが、その重要な仕事は話を聴いてあげることだそうです。人は悩みを話しているうちに、何が解決法なのか自分で気づくのです。それが、意識下の力です。一人一人の問題は違っていて、共通する解決法なんてあり得ないのだから、結局は自分で考えるしかない。そこが大変なんですね。でも面白さもあります。

将来少しでも校長講話が役に立つものになれば、大変嬉しいと思います。長い時間話を聞いてくれて、ありがとう。どうぞこれからの人生で、頑張ってください。

幕張中高の建設予定地が
一面の葦の原だった頃

第二部

時代の証言者・「私学を育てる」

プロローグ――「公立王国」の壁崩す

他界した父に代わり渋谷教育学園の理事長に就き、渋谷女子高校の校長も兼務した時、私は35歳でした。銀行員から転身し、「東京で最も若い校長」と言われました。高度経済成長期で高校進学率が急上昇を続けていた頃で、一部の伝統校を除き私立校の評価は今では考えられないほど低いものでした。公立校に行けない生徒の受け皿で、教育の質も低いとみられていたのです。

そんな先入観を覆し、全く新しい共学の中高一貫校を創りたいと1983年に進出した先は、「公立王国」と言われていた千葉県でした。新設した幕張中学高校は自由な校風と国際化に対応する教育で、「こんな私学を待っていた」と予想以上の支持を受けたのです。96年には渋谷女子高校を共学の中高一貫にして、新たなスタートを切りました。

生徒の自主性を引き出す「自調自考」が両校の教育理念の柱です。自ら調べ、自ら考えるという意味もありますが、まず自分を知るということが大切です。高校生になると、自分で選んだテーマで1万字程度の「自調自考論文」を執筆して思考力を高めます。

私がとりわけ力を入れているのが「校長講話」で、両校で年間計60回、学年ごとに国内外の思想や歴史、科学の発展などについて語ります。生徒が教養を深めるとともに、自分を見つめてもらうのが狙いです。

私学が多様で質の高い教育を進めることは、地域の教育を豊かにするはずです。私立校に定着した中高一貫教育や海外からの帰国生の積極的な受け入れなどは、公立校にも広がっています。

狭い学校の価値観にとらわれず、時代に先駆けて社会の要請に応えたい。様々な病院と連携する看護師養成の大学や幼稚園・保育園の機能を併せ持つ認定こども園の開設を手がけたのも、その表れです。まずは、大家族の中で育った私の幼少期から、父が携わった戦前の私学の歩みと重ねつつたどっていきましょう。

1章　大家族と戦争体験

疎開先　機銃掃射に憤り

私が東京・渋谷で生まれたのは1936年2月26日。陸軍青年将校らが首相官邸などを襲撃した二・二六事件の当日です。母・らくはその日、外に積もった雪を使って体を冷やし、産褥《さんじょく》熱の症状を和らげたと話していました。

父の國雄《くにお》は苦学して東京商科大（現・一橋大）を卒業後、旧鉄道省を経て、37年に目黒で実業系女学校を開設しました。私は9人きょうだいの5番目で、9歳上の兄・邦彦以来の男の子だったためか両親に大事にされ、姉たちにもかわいがられて育ったのです。お腹を冷やさないようにと、昼でも腹掛けをさせられていた写真が残っていますね。きょうだいが多い中で育ったことは、私の成長段階に大きな影響を与えました。「和」を尊びつつも、自分の意見はしっかり主張する。そんな人との交渉術を身につけたように思っています。

母は新宿の大きな飼料問屋の娘で、日本女子大学校（現・日本女子大）で学びました。教育熱心で、渋谷の自宅に近い青山学院の幼稚園に私を通わせたのですが、いたずらが過ぎて先生に叱られ、すぐに退園してしまったそうです。私学経営者としてはお恥ずかしいスタートですね。

太平洋戦争の開戦後、近所の常磐松《ときわまつ》国民学校に入学しました。教育勅語や歴代の天皇の名を暗唱し、私も軍国少年でした。帰宅すると2階の物干し台に上り、毎日1時間ほども空を見上げたことを覚えています。視力は十分にあったのですが、さらに目を良くして少年航空兵に志願し、国のために尽くしたいと真剣に思っていました。

《全国の小学校は41年、国民学校になり、「皇国の道にのっとる国民の基礎的錬成」を目的とした。児童生徒による農作業などの勤労奉仕も行われた》

母や姉弟らと長野市郊外に疎開したのは、戦況が悪化した44年頃です。両親は東京出身なので地方に頼れる親戚がおらず、リンゴ農家の納屋に借り住まいをしました。疎開者は学校でも肩身の狭い思いをしていたように記憶しています。

戦争末期、疎開先の鉄道駅の近くで米軍の機銃掃射に遭遇したことがあります。警報もなく、いきなり飛来した艦載機が超低空で列車や民家を銃撃してきたのです。たまたま一人で

戦時中、新宿の母の実家近くで弟・秀雄と

駅の近くを歩いていたのですが、爆音が響き、とっさに道路の溝に隠れました。後で何人もが犠牲になったと聞いています。「無差別に撃つなんてひどいことをする」と恐怖の中に憤りを感じました。

父は終戦の数か月前に召集されましたが、戦地に赴くことなく帰還しました。東京に戻ると、渋谷の中心街は空襲で一面の焼け野原になっていました。もとの自宅があった渋谷駅近くの一帯は焼失しましたが、空襲に備えて建物は既に壊されており、移転先の代官山方面は幸い焼け残りました。終戦直後、「真っ青な空だけが頭上にある」という印象が今も鮮烈です。

当時の渋谷駅周辺では、同年代の戦争孤児が路上で過ごす姿をよく見かけたものです。私はその様子にショックを受け、「社会をよくするために自分は勉強しなければならない」と心に誓いました。

戦時中に私が通った国民学校は「国のための教育」を徹底させる場でした。その体験は、後年学校運営に携わってからの反面教師となり、本来の「社会のための教育」と「生徒一人一人のための教育」のあり方を考える原点になったのです。

女学校を創設した父

私と私立学校の縁は、父の田村國雄が戦前、東京・目黒で実業系の女学校を創設したことに端を発します。父は1902年、東京・麻布に生まれました。幼い頃に父親を亡くし、魚屋や判子屋に奉公に出て母親と二人の生活を支えたそうです。若き日に上野の山で友人と「勉強して将来は身を立てよう」と誓い合ったと、父はよく話していました。

転機は、父が苦学しながら深夜に鉄道車両の清掃作業をしていた時に訪れました。当時の鉄道省が職員を対象に募った給費生に選ばれ、学費の援助を受けて東京商科大に進学したのです。

卒業後は鉄道省に勤める傍ら、目黒にあった日本獣医学校（現・日本獣医生命科学大）で教師をしていました。学生時代に母・らくの家庭教師をした縁で結婚し、渋谷に居を構えた頃です。生活のため夜間に英語などを教えていたようです。

そのうち日本獣医学校が施設拡充のため武蔵野に移転する話が浮上しました。初めて日本ダービーが行われた目黒競馬場はすぐ近くにありましたが、既に東京競馬場として府中に移転していました。今も周辺には「元競馬場前」というバス停があり、記念の碑なども残っています。父は獣医学校の跡地と校舎を買い取り、新しい学校を開くことを決意しました。大きなチャンスに、飼料問屋を営んでいた裕福な母の実家が資金を援助したのだと思います。私の長姉・登貴子が母の実家の後を継ぎ、その娘が岸田内閣で文部科学大臣に就いた永岡桂子衆議院議員です。

目黒商業女学校は１９３７年に開校しました。その後、経営母体として田村学園が設置され、目黒女子商業学校と改称されています。当時の写真を見ると、獣医学校時代の西洋風の校舎を活用し、生徒用のホールや武道場なども備えていました。戦後は新学制で目黒学園女子商業高校となり、父が亡くなった後は長兄、邦彦（２０２０年に93歳で他界）が経営を受け継ぎ、現在は多摩大学目黒中学高校になっています。

《渋谷教育学園渋谷中学高校の前身、中央女学校も実業系で、大正末期の１９２４年に今の杉並区に創設された。大正時代以降、東京に私立の女学校が次々に開設されたのは、大正デモクラシーの影響で女子教育の機運が高まったことに加えて、産業の近代化などで女性の労働力が必要とされていた背景がある。中央女学校は34年に渋谷商業実践女学校と改称し、渋谷の現在地に移転。戦時中の空襲で全校舎を焼失し、戦後は付近の私立女学校に間借りして授業を再開した。48年には定時制を併置した高校となり、一時は、戦地から戻った男子も数多く学び、東京大学などに進学した生徒もいたという》

父が渋谷教育学園の経営に携わるのは、戦後になってからのことです。母子家庭で苦労しただけに、女性が職業教育を受ける機会が必要だという信念があったようです。日本女子大学校で学んだ母は、学校の経理や実家の飼料問屋を手伝うなどして、父を助けていました。

私たち子どもは、新宿駅近くにあった母の実家にしょっちゅう遊びに行っていました。

戦争末期の空襲で、目黒女子商業学校の校舎は全焼しました。戦後は近くの小学校に間借りをして授業を再開しましたが、その後、兵舎の払い下げで入手したバラックを校庭に設置してしのぎました。各地の学校が空襲で校舎を失い、青空教室を開いていた頃です。

当時小学4年生だった私は、日曜日になると父に「行くぞ」と促されて目黒に行き、兄弟でバラックの校舎の修理を手伝ったものです。子どもで身が軽いからとトタン屋根に登らされて、コールタールを塗って布を張り、雨漏りを直しました。その後、女子商業学校は新制の目黒学園女子商業高校に変わり、１９５０年には二階建ての校舎が完成し、徐々に校舎や設備が整っていきました。

創設した目黒商業女学校で、生徒を率いて校門を出る父・國雄。紀元2600年（1940年）の記念行事とみられる

自宅に近い常磐松国民学校は戦後、渋谷区立常磐松小学校になりました。戦後は児童の演劇大会が盛んに行われ、私が舞台回しの魔法使いの役を演じた劇が区で優勝し、日比谷公会堂で開かれた都大会に出場した記憶があります。クラスでも一番背が高かったため、大人っぽい役が回ってきたのでしょう。戦後に登場した新教科の社会科では、弁護士資格を持つという先生が、事件や訴訟など実体験に基づいた面白い話をしてくれました。

長兄の邦彦は旧制東京高校から東大法学部に進み、ゆくゆくは父を補佐することが期待されていました。次男の私は将来、自分が学校経営に関わるとは考えもしませんでした。

2章　自由な校風　未来の礎

個性派ぞろいの麻布中高

教育熱心な母の勧めで、私は1948年、東京都港区にある私立麻布中学校に入学しました。戦前は小学校までだった義務教育が9年間に延びたため、公立中の校舎や教員の不足は深刻な状況でした。そのため、自治体から中学生の教育を「委託」されて引き受ける私立校もある中で、麻布は「自由募集」で6年間の中高一貫教育を始めていました。私は新制中学の2期生にあたり、戦後のこの時期は筆記試験がなく、口頭試問を受けて無事合格しました。

《明治期に麻布中を創立した江原素六《えばらそろく》は元幕臣の敬虔《けいけん》なクリスチャンで、自由民権運動にも関わった。麻布中学高校は生徒の自主性を尊重する校風で知られ、東京で男子校の「御三家」に入るとされる進学校。卒業生は橋本龍太郎、福田康夫の両元首相や財界人のほか、作家や文化人など個性的な顔ぶれが目立つ》

旧制麻布中学で学んだ先輩には、後に俳優として活躍するフランキー堺さん、小沢昭一さん、加藤武さんといった才人がそろっていて卒業後も母校の演劇活動に顔を出していました。フランキー堺さんは慶應大学、小沢さんや加藤さんは早稲田大学に進み、演劇を続けていたのです。私の1期上には、脚本家の倉本聰さんらがいます。

戦後間もない時期に生徒の手で運営する文化祭もスタートし、私はその活気と自由な雰囲気に刺激を受けました。渋谷教育学園で中高一貫校の経営に携わってから、生徒主体の学園祭を大事にするきっかけになったのです。後に映画製作の道に進む友人のお兄さんたちに連れられて、寄席や文楽をのぞいたこともあります。

私も高校に進むと、友人たちと「青雲」と名付けた同人誌を作り、国際情勢や憲法に関する論文の執筆や編集に打ち込みました。高校生も日本の将来を考えて、政治や社会の問題を論じる時代でした。後に運輸事務次官になった中村徹さんが活動の中心になり、互いの家を行き来したり、若手教師の家に集まったりしたのは楽しい思い出です。東京三菱銀行頭取を務めた三木繁光さんも同期で、今も交流があります。

実は私の中学1年時の成績は、クラスで下から3番目ぐらいの惨たんたるものでした。大の巨人ファンで、野球観戦に夢中になった結果です。父にきつく叱られて勉強する習慣が身につき、高校卒業時にはクラスでトップの成績になっていました。「入学時の成績なんて関係ない」と今の生徒たちに言うのには、根拠があるのですよ。当時、私は勉強する時に「上っ張り」を着て机に向かうのを習慣にしていました。母が知らずに洗濯に出した時は、「あの上っ張りがないと集中できない」と文句を言ったほどです。体を動かすことも好きで、高校では陸上競技部に所属していました。

麻布で印象深いのは、校長だった細川潤一郎先生の講話です。元判事で弁護士としても活躍した先生はいつも穏やかで、大雪の日に苦労して登校した私たちを笑顔で校門まで出迎えるような方でした。生徒一人一人に語りかけるように、明治憲法と日本国憲法の比較などを論じていました。私が生徒に直接語る「校長講話」を始めたのは、細川先生の姿が念頭にあったからです。

麻布高校に通っていた頃（遠足で訪れた浅間山麓で）

中高の６年間は私の考え方の基礎になりました。約30年後、幕張中学高校を開設する際に「麻布のような学校を創りたい」との思いを抱くことにつながったのです。

東大法学部の「黄金時代」

私立麻布高校を卒業し、東京大学文科1類に入学したのは1954年のことです。9歳上の兄、邦彦が東大法学部に進んでおり、その姿に憧れも抱いていました。

受験勉強に励んでいた時、私の部屋に来た父から「一橋を受けないのか」と言われたのを覚えています。苦学して進んだ母校への愛着が強かったのでしょう。「あのとき、一橋大を受ければ父は喜んだのかな」と思い返すことがあります。

入試の前日には、有楽町の映画館に洋画を観に行ったことを覚えています。受験雑誌で読んだ「リラックス法」を実践したのですが、気もそぞろで、内容は全く頭に入りませんでした。無事現役で合格し、1、2年時は教養学部に通いました。目黒区の駒場キャンパスは戦前の旧制高校の空気が色濃く、研究室に遊びに行くなど先生との距離も近く感じられました。

《東大教養学部は駒場にあった旧制の第一高校と東京高校を前身とし、現在も各学部に分かれる前の1、2年生の教育を担っている》

3年生から法学部に進み本郷キャンパスに通うようになると、東京帝国大学時代からの伝統と重厚な雰囲気に圧倒されました。戦後日本の憲法学をリードした宮沢俊義、民法学者で法社会学を築いた川島武宜、後に最高裁判事を務めた団藤重光（刑法）、最高裁長官となった横田喜三郎（国際法）の各先生を始め、戦後の論壇を代表する学者がそろっていたのです。東大法学部の「黄金時代」といえるでしょう。

東大法学部では、五月祭でクラスの演劇にも参加した（左から2人目）

高名な政治学者、丸山眞男先生の政治思想史の講義も受けることができました。福沢諭吉の『文明論之概略』などを論じていましたが、1年間の締めくくりの授業は特に印象的でした。丸山先生は黒板に向かい、ロマン・ロランの『ベートーヴェンの生涯』にある一節をドイツ語で書き、日本語に訳したのです。

「力の限り善き事を為《な》せ　何ものにもまして自由を愛せよ　たとえ王座の階《きざはし》にあるとも　絶えて真理を忘れるな」。新しい時代を担う学生へのメッセージだったのでしょう。いまも目を閉じると、黒板に白墨の粉が散る様子まで鮮やかに、教室の情景が浮かんできます。感銘を受けた私は文章を書き留め、その紙片を手帳に挟んで大事に持っています。

大学紛争の嵐はまだ遠く、私も長期休暇には、当時ブームだったテニスやスキーを楽しみました。東大の五月祭では、法学部のクラスの仲間で演劇を上演したこともありましたね。教室を使い、日本女子大の学生たちが協力してくれたと思います。

卒業後の進路について、私は大学で学んだ法律の知識を生かして官僚になりたいと考えていました。千葉の房総半島にある宿坊にこもって勉強に集中し、国家公務員上級試験に合格しました。しかし、希望していた経済官庁に上位で入れる成績には届かず、「それなら」と民間企業に目を転じることにしたのです。この時も、父と共に学校経営に携わる道は念頭にありませんでした。

英語漬けの研修を受けた銀行員生活

私が就職先を思案していた1957年頃は、高度経済成長期の急速な景気の拡大が落ち着き、「鍋底不況」と言われる時期でした。

東大法学部の同級生の間では、造船や製鉄などの重厚長大産業が人気を集めていましたが、私が関心を持ったのは金融機関でした。財閥系が多く安定していることに加え、世の中の変化に応じて様々な分野に触れられると考えたのです。先輩の話を聞くと、「石橋をたたいても渡らない」という行風の銀行もあるなかで、堅すぎず面白そうだと思ったのが、住友銀行（当時）でした。４年生の頃、友人たちと十数人で先輩を訪問したところ、私を含む二、三人が残されて「他社は受けないでほしい」と言われました。その場で事実上、採用が内定したのです。

入行後は東京・新橋の支店に配属されて、外国為替業務などを主に担当しました。銀行員生活では、ビジネスマナーの基本や経済の仕組みなどの知識が身についたと思います。

私は「海外要員」とみなされていたのでしょう。３年間ほど勤めると、四谷の英会話学校に通わされて、外国人講師による実践的な英語の授業を受ける日々を送りました。「支店には来なくていい」と言われて、半年間ほど、一日中英語漬けの生活です。企業が社内教育に熱心な時代で、クラスメートの多くは海外転勤を前提に、官庁や企業から派遣された人たちでした。

《高度経済成長期以降、日本企業の海外進出が進み、大手銀行はニューヨーク、ロンドンなどの拠点を拡充した。海外駐在はエリートコースと言われていた》

当時は外国への憧れもあり、「海外駐在の切符が手に入った」と赴任を楽しみにしていました。ところが、その夢をかなえることなく、私の銀行員生活はわずか４年で終わるのです。

3章　父を支え、学校経営の道へ

後ろ髪を引かれる思い

学校法人田村学園を創設した父・國雄はその頃、知人から経営を引き継いだ渋谷教育学園の労使紛争で苦境に陥っていました。長兄の邦彦はフルブライト奨学金を受けてアメリカに留学し、その後は目黒の田村学園の経営に携わりました。父は渋谷教育学園の建て直しにあたり、私に「手伝ってほしい」と頼んだのです。

悩んだ末、銀行に退職を申し出ると、上司には「せっかく育てたのに」と残念がられました。私も後ろ髪を引かれる思いでしたが、父の頼みに応じたのは、幼い頃から母に「親を大切にするように」と言われていたことが影響したのだと思います。

短い期間でしたが、私にとって民間企業の空気を吸ったのはかけがえのない経験で、銀行の同僚や英語を共に学んだ仲間との交流は、その後も続きました。結果として、学校経営に民間の発想や経営感覚を取り入れることにつながり、最初から教育の現場に入るよりも広い視野を持てたのかもしれません。教育は夢のある仕事ですが、実際に継続できる仕組みをつくることが大切で、それが経営者の役割だと思っています。銀行の同期などが会合に呼んでくれると、他の業界の人と接する場はチャンスだと考え、できるだけ顔を出すようにしていました。

英会話学校で特訓を受けたのを機に、私にとって英語は「終生の友」になりました。後年、米国の歴史家、リチャード・ホーフスタッターの著書『アメリカの反知性主義』に感銘を受け、一念発起して自分でコツコツ翻訳する下地ができたのだと思っています。みすず書房から2003年に刊行した翻訳書は15年、米大統領選に出馬表明したドナルド・トランプ氏への支持拡大などに関連して、改めて話題になりました。翌年、東大の二次試験で、国語の問題に私の訳文が引用されていたのは驚きでした。

労働争議に独力で対応

銀行員として海外派遣を心待ちにしていた私が1962年、父・田村國雄が経営する渋谷教育学園の理事に転じてまず手がけたのは、労働争議への対応でした。

父が創設した目黒商業女学校は、戦後の学制改革で目黒学園女子商業高校として再スタートしていました。さらに、知人の経営する渋谷教育学園で労使の対立が深刻化したため、頼まれて理事長職を引き継いだのです。戦前は商業女学校だった新制渋谷高校では、経営難から校舎や土地を病院に売却する案が浮上しており、「このままでは生徒が行き場を失う」と父は憂慮して引き受けたそうです。全国的に労働運動が盛んになり、公私立校で教員のストライキが起きていた時代でした。

渋谷教育学園という名称は戦後、私立学校法に基づき学校法人が設立された際に、当時の経営者が決めたと聞いています。既に渋谷には若者の街や文教地区というイメージもあり、地名を使うのが間違いないと思われたのでしょう。校舎の前には唱歌「春の小川」の舞台と言われる渋谷川が流れていましたが、東京五輪の頃に埋め立てられて暗渠《あんきょ》になりました。

労使紛争で渋谷教育学園の教職員が求めていたのは待遇の改善です。学園側が組合の幹部を辞めさせたことが不当労働行為にあたるとして、東京都地方労働委員会（都労委）に救済を申し立てていました。当時、私立高校の給与は公立に比べて相当に低く、勤務も長時間で、銀行から転じた私はあぜんとしたほどです。改善を要求するのは無理もない面がありました。

とはいえ、紛争の影響もあったのか、１９６０年は７７４人いた入学者が、父が経営を引き継ぐ前年の61年は４４２人に激減するなど学園は行き詰まっており、教員側の要求には理不尽な点もあると考えました。

私は東大法学部で労働法も勉強していたので、資料を読み込んで関連する法律を調べました。組合側は上部団体のベテラン弁護士の支援を受けており、弁護士も付けずに独力で反論する26歳の私を軽く見ていたようです。しかし、都労委は学園側の主張を認め、組合の申し立てを棄却しました。その後、組合側の言い分も一部受け入れて紛争は収まりましたが、一連の経緯は専門誌に取り上げられるなど注目されました。

渋谷教育学園に転じ、父（左）を補佐した

校内が落ち着くと生徒数は回復し、学校名は渋谷女子高校に変更されました。総務担当の私は手持ちぶさたになり、授業を受け持つようになりました。大学の通信課程を受講して、英語と社会科の教員免許を取得したのです。

教壇に立って驚いたのは、当時併設していた定時制課程の生徒たちの熱心な授業態度でした。一時的に共学化していた定時制には多くの男子学生も通っていましたが、女子は准看護婦（当時）として働きながら学ぶ人が中心で、高校の卒業資格を得たいと、皆真剣でした。

中学を卒業して社会に出る人も多かった頃です。その約40年後、私は看護師養成の大学を開設することになり、不思議な縁を感じます。

《高校進学率は高度経済成長期に急上昇し、54年に5割を超え、65年に7割、74年には9割を超えた。定時制高校は振興法が制定されて整備が進んだが、働きながら夜間に学ぶ生徒は減少していった》

渋谷女子高校の定時制も時代の流れで閉鎖になりましたが、私が教育の面白さに気づくきっかけになりました。

4章　民間の感覚を生かした学校改革

情報教育　早くから着目

私が銀行員から渋谷教育学園の理事に転じて8年後の1970年、理事長の父、國雄は、がんのため67歳で他界しました。都立戸山高校から招いた渋谷女子高の校長も体調を崩され、私は翌年、35歳で理事長と校長を兼任することになりました。

時代に合った学校改革がしたいと、まず力を入れたのが情報教育でした。この年、渋谷女子高校に新設した情報処理科は、女子校としては全国の先駆けになりました。卒業生は企業にプログラマーなどとして就職し、活躍したのです。

《情報関連の専門学科は近年、情報科、情報科学科などの名称で、商業系の高校のほか、普通科に併設されるケースもある。生徒はプログラミングやシステム開発についてなど実習を中心に幅広く学ぶ》

導入されたコンピューターに向かう生徒たち

私は同時期に渋谷女子高校の敷地の一角で、各種学校「日本コンピュータ学院」の経営も始めていました。「日本のロケット開発の父」と言われた糸川英夫・元東大教授を校長に迎えて、既存の学校の経営を引き継いだのです。しかし、大手企業は社内で技術者を養成し始めており、思うように生徒が集まりません。苦肉の策として、講師として採用した人材を生かそうと、「日本コンピュータ学院研究所」というソフトウェア開発の企業を併設し、その後、株式会社「ランドコンピュータ」と改称しました。取締役に就いた糸川さんが、米国の著名な調査研究機関「ランド研究所」にちなみ名付けたのです。

当初は私が代表取締役を務めましたが、学校長との兼務は難しく、弟の田村秀雄（現会長）に経営を引き継ぎました。ランドコンピュータは現在、東証プライム市場の企業に成長し、感慨深いものがあります。私は毎年入社式に招かれて、創業者としてあいさつしています。結局、各種学校については再建を断念し、撤退しました。

情報教育に早くから関心を持ったのは、住友銀行に勤めていた頃、産業界にコンピュータ―の導入が始まり、普及していく様子を目の当たりにしたためです。父の要請で学校経営に転じただけに、今思えば企業の世界に未練があったのかもしれませんね。

銀行時代にもう一つ痛感したことが、実践的な英語力の大切さでした。私自身、海外勤務を前提に英会話学校に派遣されて特訓を受けた経験をふまえ、「これからは国際感覚と英語が必須になる」と考えていました。78年には、渋谷女子高校で春休みに希望者を対象とする英国への短期留学を始めました。他の私立校との4校合同での実施で、参加者は3か月前から週2回の早朝、週1回の放課後に英語の勉強会を行って渡航に備えました。滞在は計3週間で、ドーバー海峡を望む港町の一般家庭に約2週間のホームステイをして現地の学校に通い、フランス、スイス、イタリアなども見学しました。83年からはアメリカのオレゴン州の夏休みの短期留学も始まりました。ポートランドでホームステイをしながら、私の知人だったコーガン博士が提唱した英語研修プログラムに参加しました。こうした海外研修に取り組んだのは、都内の私立校でも早い方だったと思います。

その頃の私は学校経営に意欲を燃やし、さらに新しい挑戦がしたい、男子の教育もしてみたい、との思いが膨らんでいました。一方で、私は教育の経験がそれほどないことも自覚していたのです。渋谷女子高校のベテランの先生たちに納得してもらうためにも、まず全く新しい学校を別に設立し、改革の実績をつくった方がよい――。中高一貫校新設の構想は、そんな考えから始まりました。

母校・麻布からの理事就任要請

渋谷女子高校の校長に就き、様々な改革を進めていた頃に、母校の麻布中学高校を運営する麻布学園から理事就任の要請がありました。1975年のことです。麻布は明治期創立の名門で、有数の進学校ですが、学園紛争が続いて経営陣の刷新を迫られていたのです。

《大学紛争の影響を受け、各地の公私立高校では69年頃から、集会の自由化や定期試験の中止などを求めて、生徒が学校と対立する政治的な活動が広がっていた。なかでも麻布学園の紛争は激しく、生徒が校長室を占拠し、校長を追及する集会も行われた。71年には文化祭に機動隊が出動し、学校が閉鎖されて授業が1か月以上中止になるなど、対立が深刻化した》

混迷を深めたのは、卒業生で紛争の解決のために登場した校長代行の強権的な姿勢で、生徒や教職員が反発しました。さらに、校長代行は学園の預金約2億4000万円を着服したとして業務上横領罪に問われ、後に実刑判決を受ける事態に発展します。この問題の責任を巡り紛争は長期化し、教職員が待遇改善を求める労使対立も続きました。学園紛争の影響で、麻布では私の在学中にはあった制服がなくなり、私服となって今に至っています。

事件を機に麻布学園で高齢の理事らが交代し、39歳の私に白羽の矢が立ったのは、卒業生では数少ない学校関係者だったからでしょう。その前から学園の評議員を務めており、先輩の理事に呼ばれ、教職員との団体交渉に徹夜で同席したりしていました。

理事の大半は卒業生で、無報酬で学校のために尽力しました。教職員と膝詰めで話すと年齢が近いせいか、分かり合えたような気がしたものです。授業実施を最優先に、組合側の給与アップの要求に応じるなどした結果、争議は沈静化し、校内は平穏を取り戻しました。

私は結局、30年余りも母校の理事を務めましたが、１００年以上の伝統を持つ麻布の学校経営には学ぶことが少なくありませんでした。幕張中学高校を新設するにあたり、「千葉の麻布をつくる」と周囲に宣言したのは、母校への敬慕の念からのことです。

それにしても、かつての公私立校の組合活動は激しいものでした。私が銀行を辞め、渋谷教育学園で父を手伝うことになったきっかけも労働争議です。激動する時代の反映ではありましたが、学校の雰囲気が殺伐とすることには胸が痛みました。少しでも校内に潤いがあれば対立が起きないのでは、と考えた私は、渋谷女子高校の中庭に噴水を設けました。日常的に「水」を見ていれば人の心は落ち着く、というのが持論です。

「音が気になる」という声があったので噴水は校舎前に移しましたが、その後も、私が経営に関わる学校では、必ずどこかに水が流れる場を設けるようにしています。現在の渋谷中学高校の校舎の前にも、噴水があります。生徒が落ち着いて学べる環境が続くように、というひそかな願いを込めているのです。

5章　幕張に中高一貫の共学校を新設

埼玉か、千葉か～葦の原に描いた夢

父から経営を受け継いだ渋谷女子高校の伝統は大事にしつつ、全く別の新しい中高一貫校を開設したい。そう考えた時、私は東京の外に目を向けました。都内には、私の母校の麻布中学高校をはじめ、私学の伝統校がひしめいています。競合校がまだ少ない場所なら、チャンスが多いと思ったのです。

埼玉県蓮田市や千葉県流山市などの土地を候補として見に行ったこともありますが、最終的に決めたのは、千葉市を中心に開発が進んでいた幕張新都心でした。東京駅までを直通で結ぶJR京葉線の最寄り駅の開業前で、1981年春のことです。

《東京湾岸を埋め立てた幕張地区はオフィスビルや国際展示場、マンションなどが立ち並ぶ首都圏で最大規模の新都心で、80年代に開発が本格化した。千葉県は「学園都市」

を目指して大学や高校の誘致を進め、神田外語大学、放送大学の本部なども開設された。

当初は早稲田大学の誘致計画も進んでいたが、実現しなかった》

私学の多い東京でも、都立高校が優位を保っていた時代です。さらに千葉県は首都圏の中でも私立の伝統校が少なく、受験生の公立志向が強いと言われていました。県立千葉高校を頂点にした序列があり、私立校は公立校に行けない生徒の受け皿と見られがちでした。

壁の厚さを感じる一方で、私は希望も抱いていました。東京に近い幕張の立地は、大きな可能性を秘めています。都内に通勤する、いわゆる「千葉都民」を中心に、新しいタイプの私立校が支持されるのでは、という予感がありました。

首都圏で伝統のある私学は男子校、女子校が中心で、大学の付属校を除くと、共学の私立中高一貫校はわずかでした。「別学の方が進学指導をしやすい」「進学校で共学は難しいのが常識」と私学関係者からは助言も受けました。男子は競争させ、女子は皆で協力しあうなど、指導の手法が違うと言うのです。しかし、「これからは共学の時代だ」と私の気持ちは固まっていました。確実に保護者のニーズがあるとも考えたのです。

新天地での学校建設は、当時40歳代半ばの私にとって大きな決断です。「家族会議」を開いて「これから忙しくなる」と伝えると、妻の和子は理解してくれました。長女で現在、渋谷中学高校校長の高際伊都子は中学生で、「お父さんが大勝負に出る」と受け止めたそうです。

小学生だった長男の田村聡明《としあき》を一面に葦《あし》が茂る予定地周辺に連れて行ったところ、「こんなに何もない所に本当に学校ができるのかと思った」と後に話していました。２０２２年度からは、彼がその葦原を切り開いて建てた幕張中学高校の校長を務めています。

幕張の校舎内には、建設用地に立つ私の写真を掛けてあります（１６９ページに掲載）。新しい街に新しい学校をつくる気概にあふれていた頃を思い出し、初心に帰るためです。

公立優位の「壁」を実感

渋谷教育学園が千葉市の幕張新都心に幕張高校を開校したのは、１９８３年春のことです。３年後には中学を併設し、中高一貫校とする計画でした。千葉県は公立志向が根強いことは覚悟していましたが、私立校の立場は想像以上に弱いものでした。

《大都市圏の高校は地方に比べて私立の割合が高い傾向がある。２０２０年度、東京都内の私立高校は約２３０校と公立の約１９０校を上回る。千葉県の公立高校は約１３０校、私立は54校あるが、その約3割が80年代以降に開設された》

驚いたのは、千葉県庁を訪れた時のことです。私は開校後、社会で活躍する人の講演などを生徒に聞かせたいと考え、１０００人が入れる講堂の設置を計画していました。ところが、書類を見た県の担当者が「講堂なんて県立千葉高校にもないですよ。体育館で十分じゃないですか」と言うのです。それでも予定通り講堂の建設は進めましたが、なぜすべて県立のトップ校を基準にしなければならないのか、とがくぜんとしました。

千葉県内の他の私学にも「東京の学校が突然やってきた」と警戒感があったようです。幕張高校の教育理念に掲げた「自調自考」について、「自分で考えるなら学校は要らないのでは」と言われたこともありました。

最も苦労したのは、開校を前に、新たに採用した先生たちと手分けして地元の中学を回った時のことです。こちらは進学校を目指しているので「真ん中ぐらいの成績の生徒に受験してほしい」と希望を伝えると、「私立の新設校が何を言っているか」と冷ややかなものです。話を聞いてもらうのも難しい中学校もあり、「公立高優位」の壁を実感しました。

それでも、国際感覚を持った生徒を育て、時代の変化を見据えた教育をしたいという熱意が伝わったのでしょう。徐々に理解してくれる中学の先生が増えてきました。保護者や生徒対象の説明会にも手応えがあり、用意したパンフレットを何度も増刷したほどです。新しい学校の教職員も大事で、つてをたどって評判の良い先生を探しました。多様な経験のある人材にも着目し、アメリカの国務省で通訳をしていた元都立高校教諭の伊藤精史先生には国際交流担当の教員として来てもらいました。

果たして一般入試には、予想を大幅に上回る約4000人が出願しました。うれしい悲鳴ですが、まだ床を張っていない自校の体育館に加えて地元の小学校の体育館を借りても受験生を収容できません。

幕張高校の初年度の入試。予想を上回る出願があった

苦肉の策として考えたのが、受験生を午前と午後に分けて試験を2回実施することです。試験問題は1種類しか用意していないので、午後の受験生にグラウンドで待機してもらい、午前組と接触しないようにして同じ会場で入れ替えました。通信手段が発達した今ではあり得ないことですね。一部の教職員は学校に泊まり込み、皆でひたすら晴天を祈っていました。

幸い天気には恵まれて無事試験を実施したのですが、合格者の他校への流出が予想より少なく、入学者は定員を超過してしまいました。同時期に定員割れの新設校もあった中で、幸先の良いスタートを切ったのです。

6章　「自調自考」掲げ、個性を伸ばす

探究心育てる1万字の論文

千葉県に幕張中学高校を新設するにあたり、私は様々な私立校を見学させてもらったり、校長の話を聞いたりして教育内容を検討しました。特に感心したのは、兵庫県の超難関、灘中学高校の教育でした。放課後に校内のあちこちで生徒同士が勉強を教え合う風景がみられ、それが学習の理解を深めるというのです。定期試験の日程に余裕を持たせ、生徒が自分で準備する時間を多く取る工夫も参考になりました。学校法人の理事を務めていた母校、麻布中学高校の自由な校風にも大きな愛着がありました。

教育には、決まったルートで生徒を目的地まで連れて行く「定期航路型」と、生徒の自主性を尊重する「大航海型」があるのだと思います。公立校の多くは前者ですが、麻布や灘は後者で、個々の生徒の興味・関心に応じた探究型教育に力を入れています。私が新設する学

校では大航海型の教育をしたいと考えました。

掲げる教育理念は1983年の幕張高校開設時から変わっていません。女子校を共学化した渋谷中学高校も同様で、「自調自考」「国際人としての資質」「高い倫理感」の三つです。

根幹とする「自調自考」は自ら調べ、自ら考えるという意味があるだけでなく、「自己を知ること」から始まります。それぞれ関心のあるテーマを選んで執筆する1万字程度の「自調自考論文」はその集大成です。生徒全員が主に高校1～2年で取り組み、個別に助言する担当教員も付きます。そのほか、自律的に行動してもらいたいので、始業と終業のチャイムがなく、ディスカッションやリポートなどを活用した、いわゆるアクティブ・ラーニングの授業が多い、といった特徴もあります。英語の授業では近年、「サービス・ラーニング」といって、ボランティアや社会貢献などの活動先も自分で探し、先方に参加を申し込むところから生徒の手で行う取り組みもしています。社会に関わる体験活動を高校生のうちからするのは、米国などでは当たり前のことと言われています。

自調自考論文については、近年の優秀作を見ると、「ザトウクジラの歌の音楽的な構成」や「シンガポールの水不足解決策」「印象に残る人の顔とは？」「地震発生後の避難所のトイレの現状と課題」「柑橘類の皮を食器洗剤代わりに利用できるか」……などテーマは様々で、文系、理系の枠を超えたユニークな発想が目立ちます。実験や観察、実地調査などを交える生徒が多いのも特徴です。

《22年度から実施された高校の新学習指導要領は、教科の枠を超えて生徒自身が課題を見つけ、情報を分析して論文の作成や発表などを行う探究的な学習を推進する。渋谷教育学園のように生徒に論文や研究などの機会を提供する公私立の高校が増えている》

中には、生涯のテーマを見つける生徒もいます。幕張中学高校の16期生で、東大准教授に就いた諏訪雄大さんです。東大に進学し、大学院では宇宙物理学の権威、佐藤勝彦教授（当時）のもとで、太陽よりずっと重い星が寿命を迎えた時に起きる「超新星爆発」の研究を進めました。彼が高校で執筆した自調自考論文のテーマは「ブラックホール」でした。超新星爆発など今も取り組んでいる研究に深く関わる内容だったのです。諏訪さんは高校時代、佐藤先生や「車いすの天才物理学者」、スティーブン・ホーキング博士の本を読み、宇宙に興味を持ったそうです。母校を訪れて生徒にその話をしてくれた時は、うれしかったですね。

近年は、大学の推薦入試などで論文の成果を活用する生徒も目立ちます。難関のマサチューセッツ工科大に幕張高校から合格した男子生徒は、カブトムシの動きを再現してロボットを製作して自調自考論文を書きました。出願の際にも英語による論文の成果を添え、高い評価を受けたのだと思います。海外の大学のほか、2015年に始まった東大の学校推薦型選抜でも、高校時代の研究活動が評価の対象になり、渋谷、幕張の両校から毎年のように合格者が出ています。動物園のクマを観察し続けて論文にまとめた女子生徒の研究などは、高く評価されたようですね。国立大学も筆記試験一本の入試から、探究型の活動を評価する方向に変わりつつあり、時代の変化を感じています。

幕張新都心にある幕張中学高校

もっとも、大学入試全般についていえば、まだまだ1点刻みの点数で合否を決めるのが一番公平だという意識が日本では強いですね。文科省の入試改革も公平性の確保が疑問視されて、途中で頓挫《とんざ》してしまいました。アメリカではSATなどの共通テストで満点を取る生徒も多いため、有力大学は主に小論文や志願書などで選抜を行っています。日本では入試の評価に主観が入ることに抵抗が大きいので、難しいペーパーテストの対策が主となり、受験生は大変です。渋谷、幕張の卒業生をみると、緻密に受験勉強をするタイプではないけれど積極的に何でも取り組んでいた女子生徒などが、理系の大学院に進んで研究実績を残し、大きく花開いているケースがあります。公平さに関する意識が変わって多様な入試になれば、様々な才能が伸びていくきっかけになるのではないかと思います。

校長講話を続ける理由

渋谷教育学園を経営していた父の逝去から2022年春まで、半世紀にわたり、私は理事長と校長を兼務しました。85歳を超えても現職にこだわった理由の一つに、生徒に直接語りかける「校長講話」を続けたいということがありました。

渋谷幕張中高、渋谷中高の中学1年生から高校3年生まで、学年別に5回ずつ、年間計60回の講話を続けています。生徒の発達段階に応じてテーマを設定し、内容を練り上げます。国内外の歴史や思想、科学の発展など、文系・理系の枠を超えた教養、リベラル・アーツに触れてもらうのが狙いです。

《米国の大学では伝統的に、文理を問わず幅広く学ぶリベラル・アーツ教育を重視する。日本では大学の教養部の廃止、高校で早期に文系、理系に分ける傾向などから、教養教育の必要性が指摘されている》

校内にあるホールで約50分、渋谷の場合で言えば1学年約200人余りの生徒を対象に、板書をしつつ歩き回りながら熱弁を振るうと、汗だくになってしまいます。生徒には感想文を書いてもらい、私が目を通します。中1の講話では、人間関係の大切さや読書の楽しみを平易に話します。50歳を過ぎてから実測による日本地図を作った伊能忠敬や、盲目の国学者、塙保己一の不屈の精神についても考えます。最近はスクリーンに写真などの資料を投影することが多いのですが、志賀直哉の『清兵衛と瓢箪』を取り上げる時はヒョウタンをたくさん持ってきて回覧したり、大正から昭和期に児童文学の普及に貢献した雑誌「赤い鳥」の復刻版を見せたりして、今の子どもたちが関心を持つきっかけになればと工夫しています。

中2の冒頭では「ヒューマニズムの火を灯せ」と題して、吉野源三郎の『君たちはどう生きるか』や宮沢賢治の『グスコーブドリの伝記』などの本を紹介します。受験勉強を経た生徒には競争意識が強くなるケースがあり、友情の価値や他者のために生きる意味を知ってもらいたいのです。高3までに必ず身につけてもらいたいのが「基本的人権」の大切さです。一人一人異なる人間が尊重し合い、人類社会を構成する必要性を説くのです。社会のルールの大切さを自らの死で示したソクラテス、真理の追究を貫いたガリレオの生涯も繰り返し語り、人間の「創造力」の素晴らしさを強調します。

学校の教育理念は「自調自考」で、まず自己を知ることから始まります。ただし、今の若い人はともすると、自分の好きなことにしか興味を示さず、分かろうとしないという傾向があります。生徒は高校に入ると、自由にテーマを選び約1万字の「自調自考論文」を仕上げるのですが、だからこそ、校長講話を通して幅広い分野に関心を向ける意味があると考えます。そして、もう一つの教育理念「高い倫理感」を持ってほしいという願いも講話には込められています。

海外の教育関係者に学校教育で最も大切にしていることを尋ねると、多くの人が即答するのは人格形成で、英語では「キャラクター・エデュケーション」。米国の教科書には、公正であることや他者の尊重、正直さ、責任感など人として大切なことがストレートに書いてあります。私が目指しているのも、新たな時代の「道徳教育」なのかもしれません。

『アメリカの反知性主義』を翻訳、東大の入試問題で引用

校長講話では、多くの本や新聞記事、倫理の教科書などを参考に、その時々の社会情勢に関連する話題なども盛り込みながら、内容を常にアップデートしています。立ち直る力を意味する「レジリエンス」、粘り強く取り組む力や協調性などを表す「非認知能力」といった

流行の言葉を取り上げると、生徒もよく反応し、後で質問に来たりします。新聞各紙の書評欄で取り上げられた話題の新刊などにはできるだけ目を通し、講話をリニューアルしているのです。それができなくなったら、講話を終わりにしなければならないと思っています。

非認知能力を高めるには、「歴史を知る」ことが一番の方法だと私は説いています。人間の創造性を見いだしたヨーロッパの宗教改革、新しい文明を求めて危険な渡航に挑んだ遣唐使の姿などに学ぶ面は大きいのです。

講話では学習に取り組む姿勢も提案しています。中1の初回に紹介する本が『知的生産の技術』。著者の梅棹忠夫さんは独自に情報の分類法を考案し、ノートやファイルが館長を務めていた国立民族学博物館に収蔵されています。そのレプリカを借りて毎年校内の図書館に展示するのですが、生徒は興味深そうに見入っていますね。

高校生にはアダム・スミスの『国富論』なども取り上げ、自由と公共を両立させるにはどうすればいいか、多様な人が尊重しあう社会の意義などを語ります。高3の最後には私が翻訳した米国の歴史学者の著作『アメリカの反知性主義』に触れ、コンピューターで代替できる「知能」とは異なる人間の「知性」の価値を訴えます。この本は、渋谷女子高校時代、生徒のアメリカ研修旅行を実施するためにアメリカ西海岸のオレゴン州ポートランドを訪ねた

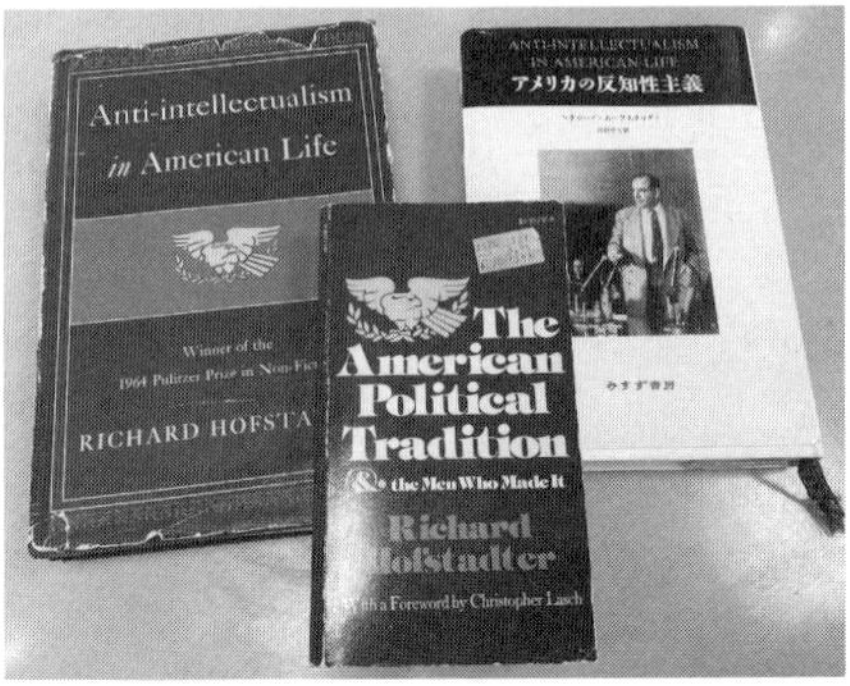

自ら翻訳した『アメリカの反知性主義』

時に、州立大のコーガン先生に連れられていった魅力的な古書店で紹介されました。知性とは何か、知識人は社会に貢献できるかを問い、ピューリッツァー賞に輝いた名著です。帰国後に参加した教育関係者の勉強会で、「授業で使いたいが、翻訳が出ていない」という東大の先生の声を聞き、「それなら私がやってみよう」と思い立ったのが発端です。学校の仕事を終えた夜に、自宅で少しずつ翻訳を続けて何とか完成することができました。苦心したのは、やはりインテレクトを「知性」とし、インテリジェンスを「知能」とした訳し分けで、後にそこを評価してくれる方がいたのは嬉しかったですね。

硬派の本を出すなら憧れのみすず書房へ、と自分で版元に持ち込み、２００３年に刊行した本は、新聞各紙の書評でも取り上げられて、この種の本としては思いがけずロングセラーとなりました。２０１５年頃には日本でも「反知性主義」に注目が集まった影響で、メディアや他の書籍で紹介されることが増えて版を重ねました。16年の東大入試の二次試験では、国語の問題に『アメリカの反知性主義』からの引用と翻訳者の私の名前が掲載され、本校の生徒は試験開始直後、思わず歓声を上げそうになったということです。

校長講話を行う私自身が古典や歴史を理解することに加えて、新たな知識や社会情勢をインプットし続けて臨むことも、内容の充実につながると思っています。約50分の講話の前後にはできるだけ予定を入れず、準備を入念にして臨んでいます。エネルギーを使いますが、何とか90歳までは元気で続けたいと思っています。22年度からは両校の校長職を辞して学園長になり、「学園長講話」に名称は変わりましたが、両校で年間計60回、学年テーマを設けた構成などは同じです。今後、他の実務からは徐々に引退しても、こうして直接生徒に語りかける場は大事にしていきたいものです。

研修旅行でたどる日本文化の源

日中国交正常化から4年後の1976年12月、私は東京私立中学高校協会による訪中団の一員として、広州や武漢などを視察しました。建国の指導者、毛沢東が死去して間もない激動の時期で、貴重な体験でした。渋谷女子高校の校長だった私は訪中団の最年少で、記録係を担い、帰国後に視察の報告集を作成しました。

中国は市場経済が導入される前で、人々は人民服姿でした。その時代に、現地の小学校では1年生からアルファベットを習い、3年生から英語のみによる授業を行っていて驚きました。さらに強い印象を受けたのは、小学校に付設された小さな工場でした。部品製作などを通して労働の大切さを教えるという説明に、中国という国家の強い意思を感じました。

中国古代文明の遺産に接する機会もありました。湖南省の博物館では、当時発掘が進んでいた2000年以上前の出土品を見学し、衝撃を受けたものです。高貴な女性が身につけていた衣服は透けて見えるほど精緻《せいち》な織物です。当時、日本は弥生時代で、その後、世界最先端の中国の文明から大きな影響を受けていく歴史に思いをはせました。

渋谷教育学園で1990年から始めた中国への修学旅行は、この時の私の体験が原点になっています。私が校長を務める幕張中高と渋谷中高では、まず鎌倉や埼玉の秩父、千葉の野田などの近郊での校外学習から始まり、中3の修学旅行で奈良、高校1年で広島を訪れて歴史と平和を学びます。中国への修学旅行はその「集大成」で、奈良で接した日本文化の源流が中国にたどりつくことを知る意味もあるのです。私が生徒を引率して上海の魯迅記念館を見学していた折りに、健在だった魯迅の息子さんと遭遇したこともあります。一緒に写真を撮らせてもらい、感激しました。東北大学で医学を学んでいた魯迅は、恩師との交流を題材に『藤野先生』という作品を残しました。祖国の人々の体を治すより考え方を変えたいと、文学の道を志した経緯などを生徒たちにも説明しています。

近年は日中関係が悪化したため、一時は全国の公私立高校で行われていた中国への修学旅行が、続々ととりやめになっていきました。けれども、私は行き先の変更を考えませんでした。

魯迅の息子・周海嬰氏（後列右から２人目）と記念撮影

毎年生徒が訪れる北京の中学校からは、生徒や教師の訪問を受け入れており、先方も長年培ってきた交流を大切にしたいと考えているようです。年数の経過とともに急速に豊かになり、意欲にあふれる中国の学校の先生や生徒たちには、圧倒されるほどです。渋谷教育学園の生徒たちについては、家庭の意向などで参加を希望しない生徒には、九州を行き先とする旅行の選択肢も当初から用意しています。

《文部科学省の調査では２０１７年度、公立高校の約１割、私立高校の約４割が海外への修学旅行を実施。行き先は台湾、米国、シンガポール、豪州の順に多い。02年度頃は中国、韓国が圧倒的に多かったが、領土問題による対日関係悪化などでその後、激減した》

普段の校長講話では、遣唐使の苦労や、中国がアヘン戦争で英国の近代化された軍隊に大敗した歴史も語ります。日本の文化が中国の文明を取り入れて発展し、近代には中国への列強進出を教訓にした面があるからです。

第二次世界大戦の記憶もあり、巨大な隣国との関係は難しいのですが、中国を知ることは、生徒が将来どのような道に進むにしても欠かせないと思います。

私が理事長を務めるユネスコ・アジア文化センターでは全国の学校を対象に、中国、韓国などと教師の交流を続けています。こうした草の根のつながりを絶やさず、次世代に禍根を残さないようにしたい、と切に願います。

中3から高1に進む3月の春休みには、渋谷中高がオーストラリア、幕張中高がニュージーランドで語学を主体にした海外研修を希望制で行っています。このほか長期休暇中に、英国や米国、シンガポールで数週間学ぶ研修も実施しています。ホームステイでお世話になった家庭の生徒や教員を渋谷、幕張の両校で受け入れるのも特徴です。２００３年度からは、駐日ベトナム大使の子息が渋谷中高に通った縁で首都ハノイの学校と姉妹校になり、ベトナムも研修先に加わりました。アジアに目を向ける良い機会になっています。13年からはハーバード大学の学生寮に宿泊し、現地の学生らと交流する次世代リーダー養成プログラムも始めました。新型コロナウイルスの感染が拡大してからは、海外での研修の代わりに、国内で海外からの留学生と英語を使って合宿を行うなど、国際交流の機会を絶やさないよう工夫しています。

7章　「国際人」の育成と開かれた学校

異文化体験　社会の宝物

1983年に渋谷教育学園幕張高校を千葉市に新設した時、「国際人」の育成を教育目標の一つに掲げました。英語教育や留学の推進、海外からの帰国生徒の受け入れに力を入れたのです。

《日本企業の海外進出の加速に伴い、外国で長期間暮らす子どもが80年代に急増した。帰国後に日本の学校になじめないケースや高校受験の負担が社会問題になっていた。政府は高校や大学に、海外での学習状況に配慮した帰国生対象の入試枠設置などを促した》

私は銀行員時代、国際的な業務に関わった経験もあって帰国生の問題に関心を持っていました。渋谷女子高校の経営に携わった頃から、私学団体で勉強会も開いていたのです。東京都内には既に帰国生枠を設けている私立中学や高校も一部にありましたが、せっかくの異文化体験を大切にするというよりも、日本の教育の「鋳型」に生徒をはめ込み、順応させようとする学校が少なくないように見えました。

幕張中学高校では、試験科目などに配慮した帰国生入試を実施し、入学者全体の1割程度を受け入れています。一般の生徒と同じ学級にすることで学校全体に刺激を与えてもらい、国語や数学に学習の遅れがある場合は個別に指導します。96年に共学化した渋谷中学高校でも同様で、帰国生の割合は少し多めです。

優れた英語力をさらに伸ばすため、通称「帰国英語」の授業は英語を母語とするネイティブの教師が担当し、海外から取り寄せた教材を使います。日本の教材では単語数が少なすぎるからです。帰国生以外の生徒も一定の英語力が認められれば同じ授業への参加が可能で、頑張って挑戦する生徒もいます。

海外生活を経験した帰国生には、日本の公立小中学校に編入した際に、つらい思いをした子も少なくありません。「自己主張が強い」と言われ、小学校の教師に「英語を話すな」と言われたと打ち明ける生徒もいました。子どもの頃に身につけた言語を否定されるのは、アイデンティティの揺らぎにつながります。

帰国生の異文化体験を、国際化する社会の「宝物」として尊重し、日本の文化も知ってもらいたい。生徒たちには丁寧な対応が必要なことを、教員たちにも徹底しました。

近年は生徒の滞在国も多岐にわたり、他にも多くの公私立校が入試枠を設けるようになりました。幕張、渋谷の両校では、一般入試枠の入学者にも長期の海外滞在経験のある生徒が増えています。

一般の生徒の高校時代の海外留学も推奨しています。新型コロナウイルスの影響で減っていますが、例年は両校で計約20人が交換留学制度などを利用して約1年間海外で学びます。生徒たちが海外研修などで交流する現地の学校の生徒や外国人留学生も受け入れており、国際色豊かな教室は日常的な風景です。

保護者の本音を吸い上げる「地区懇」

千葉県に幕張中学高校を開設した1980年代は、全国的に学校現場の「閉鎖性」の問題が指摘されていました。公立校では、教師が校長にも授業を見せたがらないという話を聞きました。

民間企業での勤務経験の影響もあり、私はできるだけ学校の教育方針や授業内容を透明化したいと考えていました。92年に「シラバス」を導入したのは、その一環です。年度始めに教科ごとの授業の内容や狙いなどを説明する計画書です。

《米国の大学では授業計画を事前に学生に公表するのが一般的とされるが、日本の大学では教授らが管理を嫌い、定着が進まなかった。91年に文部省の大学審議会（当時）が大学教育改善策として、シラバスの作成を促した》

私が89年の創設に関わった多摩大学は米国の経験が長い野田一夫さんが学長に就いたので、当初からシラバスを導入しました。他の大学では当初、授業への「介入」だとして抵抗感を示す先生も少なくなかったようです。縛られることを嫌ったのでしょう。今では大半の大学で、当たり前のようにシラバスを使っています。幕張中学高校でもシラバスを導入したのですが、中学高校段階では全国の先駆けになったと思います。渋谷中学高校でも毎年冊子を発行しています。学年別に各教科で学ぶ内容や狙い、授業の進め方などを記載することで、生徒は学習の全体像を把握できるのです。教員によって教える内容が偏る傾向も解消されます。

私は、このシラバスが生徒・保護者と学校の「約束」だと考えています。計画通りに授業が終わらなかったり、変更があったりすれば、保護者に校長名で手紙を出して「説明責任」を果たします。新型コロナウイルスの影響で進度が遅れた時は、どう補充するかも含めて報

地区懇談会は保護者と対話する貴重な機会になった

告しました。
　保護者との関係では、年2回の「地区別懇談会」を重視しています。幕張中高では95年から、渋谷中高は共学の中高一貫校となった96年から、居住地域ごとに集まった保護者と直接懇談する場を設けました。私学は通学範囲が広く、近隣の生徒、保護者同士が学年の枠を超えた交流のきっかけをつくる目的があります。実際に、電車のアクシデントがあった時などに、駅で上級生が下級生を助けるようなこともあり、普段の交流でそうした素地ができるのです。
　もう一つの狙いは、学校に対する保護者の生の声を吸い上げることでした。幕張中高では当初、各地の公民館などを借り、週末に私が会場に出向きました。千葉県内と東京、神奈川など計7～8地区程度に分けた懇談会を別々の日程で開いており、私がほぼ一人で担当しました。生徒の成績を付けない校長なら、保護者の本音を聞きやすいと思ったのです。週末を随分費やしましたが、私も、新しい学校を創っていくことに夢中でした。

保護者には、シラバスが大変好評でした。懇談会での意見を受け、着なくなった制服の交換会を始めたり、購買で売っている弁当の数を増やしたりしたほか、保護者の指摘をふまえて英語の授業内容を見直したこともありました。意見を集約してから教員の話も聞き、誤解や行き違いがあれば、保護者に学校の教育方針をしっかり伝えます。教職員はプレッシャーを感じたかもしれませんが、実際にやってみると、保護者からもそれほど大きな問題は提起されませんでした。校長がある程度説得力を持って学校改革の先頭に立てば、学校運営は軌道に乗るものです。労使が対立していては、よい教育ができないということを渋谷女子高校の労働争議で身をもって学んだことも大きかったと思います。

現在は学校を会場にしていますが、住まいのある地区ごとに教室で交流する形式は保っています。保護者から事前に集めた質問の一部に全体会で私が答え、報告書に回答を掲載します。教員には常々、「文句、批判は宝」と言っていました。率直に耳を傾ければ、結果的には学校に協力的な親が増えるのです。

生徒たちには授業に関するアンケートを実施し、保護者にも授業を公開して感想を書いてもらいます。生徒や保護者が何を求めているか把握することが、教育の向上にもつながっていると考えています。

多彩な才能　校内に刺激

渋谷教育学園幕張中学高校は部活動が盛んで、人工芝のグラウンドには放課後、元気な声が響きます。力のあるスポーツの指導者もいます。

開校3年目に体育担当教員とサッカー部監督に就いた宗像《むなかた》マルコス望《のぞみ》さんは日系ブラジル人2世で、Jリーグ・広島の前身、東洋工業で選手経験がありました。ブラジルに帰国してサンパウロ大学で学んでいたところを、知人のつてでお願いして幕張に来てもらったのです。

生徒たちには勉強だけではなく、学校の誇りになるような活動も必要だと考えていました。

マルコス先生には学校の国際交流教育の一環として、定期的にブラジルに行き、サッカーが得意な留学生の選考をしてもらいました。幕張高校に留学した生徒がJリーグ選手になったケースも多く、日本のサッカー界にも貢献しているのです。

なかでも印象深いのは、田中マルクス闘莉王《トゥーリオ》さんです。マルコス先生はブラジルでの選考会で、彼のサッカーの技術だけでなく、初対面の選手をまとめる統率力に驚き、約300人の中から留学生に選んだそうです。

日系3世の闘莉王さんは1998年に幕張高校に入学し、サッカー部で頭角を現しました。

3年生の時には、チームが強豪ぞろいの県予選を勝ち抜き、全国高校選手権に出場する原動力になったのです。

高校時代の彼はすぐに日本語を覚え、授業態度も真面目でした。放課後の部活動では誰よりも早くグラウンドに姿を見せ、率先して片付けをしていました。校内でトラブルが起きると日本人の級友を呼んで諭したりするリーダーシップもありました。同期の卒業生たちは、「闘莉王がいた学年」に在籍したことを誇りにしているようです。

高校生時代の闘莉王選手（左）と宗像マルコス望監督

闘莉工選手は卒業後に日本国籍を取得してアテネ五輪に出場し、その時は幕張中高で盛大な壮行会を開きました。Jリーグの広島、浦和などでプレーした後、2019年に引退して帰国する際は「校長先生にあいさつしたい」と律義に幕張まで訪ねてくれました。

《闘莉王選手は得点力のあるDFとして活躍し、2010年のサッカーワールドカップ南アフリカ大会では、16強入りした日本代表の主力にな

った。「闘将」と呼ばれる熱いプレースタイルでも知られる》

指導者のマルコス先生は実力を買われ、04年の国体に向けてサッカー少年男子千葉県代表の監督に選ばれました。ところが開催前になって、ブラジル国籍などを理由に「監督資格がない」と言われる事態になったのです。私は怒り心頭で、マルコス先生とともに記者会見を開き、「国際化時代に逆行する」と制度の改善を要望しました。その後、国体の規定は、永住権がある人は出場できるように緩和された経緯があります。

進学校としては珍しいと言われることもあるのですが、幕張高校はスポーツや芸術、科学研究などの分野でめざましい実績を上げた生徒を対象に「特別活動選抜」も続けています。高校入試のみで実施しており、一定水準の学力も必要です。在学中にフィギュアスケートでリレハンメル五輪に出場した井上怜奈さんや、国際的に活躍するピアニスト、髙木竜馬さんらが入学しています。「多様な生徒がいた方がいい」というのが私の持論で、アメリカのアイビーリーグの名門大学がスポーツや芸術分野で活躍する人を積極的に受け入れることは理解できます。

２０２１年には、陸上の全国中学生大会の男子１００メートルで優勝し、10秒６８の記録を持つ藤井清雅君が幕張高校に入学しました。本校の卒業生で順天堂大に進み、陸上競技のアジア大会で金メダルを獲得した今関雄太教諭が、陸上競技部の顧問として指導にあたっています。同世代の傑出した才能に触れることは、他の生徒の刺激にもなると思うのです。

明るい校風　自主性を尊重

「県立幕張高校」の開設が検討されていると聞いたのは、千葉県教育委員会の担当者からでした。渋谷教育学園が幕張中学高校を開校して、10年余り後のことです。「名前が紛らわしいのでは」と心配しましたが、既に私たちは私学関係者の助言もあり、校名を商標登録していたのです。私学と酷似した校名を後発の公立高校に付けるケースは珍しくないと聞いていました。商標登録のことは県教委にも伝えました。結局、新設された高校は同じ名称になることはなく、私は胸をなで下ろしました。

それほど大事にしている校名ですが、実は正式名称よりも、「渋谷幕張」「渋幕」という通称が、校内外で定着しています。生徒たちが自然発生的に使い始めた頃に理由を聞いたところ、「渋谷は若者の街だから」というのですね。千葉の新都心である幕張も人気の街で、両方の地名が入った通称に格好良さを感じたのでしょう。運動部のユニホームにも「渋谷幕張」「ＳＨＩＢＵＭＡＫＵ」などと表記されています。１９９６年に女子校を共学化した渋谷中学高校の愛称が「渋渋」になったのも、自然な流れでした。

生徒が使う言葉には「渋幕的自由」もあります。校則で縛らず、自主性を重んじる校風のことです。海外からの帰国生や留学生もいるので、なかにはピアスをしている子もいます。多様な生徒がノビノビと過ごすためには、厳格な校則では成り立たないのです。

まだ渋幕の呼び名も定着していなかった学校の草創期に、忘れがたい卒業生がいます。高校の4期生で、米マイクロソフト本社副社長に就いた平野拓也さんです。

長身で目立つ生徒でした。母が米国人で国際色豊かな家庭だったこともあり、地元の公立中学校の画一性に違和感を持っていたそうです。幕張高校に入学後は「オープンな雰囲気に溶け込み、ありのままの自分を出せた」と後年話していました。

高校での印象深いエピソードとして平野さんが挙げるのが、「米国の高校のようなダンスパーティーを開きたい」と仲間と共に提案した時のことです。教員に話を聞いた私は「面白い。やればいいじゃないか」と認め、予算も付けました。当日は参加者が壁の花になり、生徒によるバンドの演奏会と化してしまったようですが、「生徒会の企画でもないのに、すんなり認めてくれるとは」と驚いたそうです。

《平野氏は高校卒業後、米国の大学に進み、米マイクロソフト本社に入社した。欧州勤務を経て、2015〜19年に日本マイクロソフト社長を務めた。「幕張高校では生徒に自主性が求められ、『自調自考』を語る田村校長先生のビジョンは一貫していた」と振り返る》

幕張、渋谷の両校を訪れる人の多くが、「明るい」という印象を口にします。その雰囲気は、生徒一人一人がつくっているものなのです。

8章　グローバルに広がる学校経営

サッチャー首相から感謝の手紙

「田村さん、あなたどこで学校をやっているの？」

麻生和子さんから突然電話がかかってきたのは、１９８８年頃のことです。吉田茂元首相の三女で麻生太郎元首相のお母様。日英両国の親善を進める日英協会の副理事長をされており、知人を介して面識がありました。「渋谷です」と私が答えると、「それは便利でいいわね」と、早速相談がありました。英国の政府や企業の関係者が、駐在員の子弟が通う学校の開設場所を探しているというのです。

当時のバブル経済まっただ中の日本では、英国を含む海外の企業の進出が加速していました。ところが、英語で学べる教育機関が少ないため、駐在員は子どもたちの通学先の確保に苦労していたそうです。外国人学校やインターナショナルスクールの多くは、日本では各種学校の位置づけです。既存の学校法人の傘下に入れれば、安心して運営できるでしょう。

渋谷女子高校の敷地では、生徒急増期に増設した校舎で各種学校「日本コンピュータ学院」を運営していました。生徒が集まらない状況が続いて閉鎖を検討しており、この校舎を活用することができると考えました。私が協力を申し出ると、日本に進出していた英国企業なども支援し、渋谷教育学園が「ブリティッシュ・スクール・イン東京」（ＢＳＴ）を経営することになったのです。

《ＢＳＴは英国の「全国共通カリキュラム」に基づく教育を英語で実施し、英国政府が認定する学校監査機関から教育内容の監査を定期的に受けている。実際の学校運営は、校長や保護者、英国大使館の首席公使らで構成する学校評議会が担う。歴代の首席公使は、渋谷教育学園の理事も務めている》

89年９月の開校式には、国際会議出席のため日本を訪問中だった英国のマーガレット・サッチャー首相も訪れました。サッチャーさんはＢＳＴの授業を見学し、歓迎会の壇上では私と並び、スピーチもしてくれたのです。「鉄の女」のイメージとは異なる優しい笑顔で、英国人の子どもや渋谷女子高校の生徒らと楽しそうに交流する姿が印象的でした。

サッチャーさんからは、「あなたの親切な助力がなければ開校はできなかった」と感謝の

サッチャー首相と壇上に並ぶ

意を示す丁寧な手紙も届き、感激しました。当時、英国政府は停滞していた経済を立て直すために国内企業のグローバル化を進めており、経済成長著しかった日本に学校をつくることで進出を促す効果があると考えたようです。同時に、政府が英国民の教育を大切に考えていることの表れだと実感しました。

ＢＳＴの教育は日本の行事なども取り入れ、本国でも評価が高いようです。児童の増加に対応し、２００６年からは昭和女子大が運営する世田谷区の校舎に、初等科４年生から中高生までが通うことになりました。渋谷の校舎では就学前教育を受ける３歳から初等科３年生までの子どもを３００人以上受け入れていますが、23年秋から港区の虎ノ門・麻布台の再開発地区に移転し、規模を拡大する計画です。生徒の出身国は英国だけでなく約60か国に及び、多くの待機者がいるほど人気があるのです。ここで学んだ生徒たちは英国の大学などに進んでも、将来日本とつながりを持つ可能性が大いにあるでしょう。思いがけず英国式の学校に関わったことは、私の視野を広げてくれました。

シンガポールに「進出」

日本企業の海外進出に伴い、駐在員の子どもの教育が問題になった1980年代、私立大学を経営する学校法人などが、欧米に日本人対象の高校を相次ぎ開設していました。83年に新設した渋谷教育学園幕張中学高校では、積極的に帰国生を受け入れました。海外の教育事情を調べるうちに、私は日本人対象の私立校が欧米に集中していることに疑問を抱きました。「これからはアジアの時代なのに」と考えていた頃、シンガポールの日本人会が高校の進出を求めていると聞いたのです。

《1990年代頃まで、海外に駐在する日本人の間では、子どもが日本の大学入試に対応できるよう、日本と同じ教育を受けさせたいと望む保護者が多かった。各国に設置された日本人学校は当時中学校までで、高校受験のため、子どもだけ先に帰国せざるを得ないケースが相次いでいた。中でもシンガポールには日本企業が多数進出し、日本人学校の在籍者は2000人を超え、世界の日本人学校でも最大規模になっていた。一方、日本の私立学校は立教学院や暁星学園がイギリス、成城学園がフランス、慶應義塾がア

メリカ・ニューヨークで系列校を運営するなど、欧米に集中していた》

「国がやらないなら、私たちがやるしかない」とシンガポールへの進出に名乗りを上げ、現地に派遣する教員を幕張中学高校で公募しました。渋谷教育学園が89年から、英国人の子どもらが学ぶBSTの運営を始めていたことも、国際化に向けて踏み出すきっかけになりました。

91年に開校した「渋谷幕張シンガポール校」は原則、親の仕事の都合で海外に滞在している生徒を対象としました。タイやインドネシアなどの近隣国に家族がいる生徒らのために寮も設けました。当時、日本では偏差値の輪切りによる受験競争が厳しい時代でしたが、シンガポールの生徒たちは多様でのびのびしていました。

現地の日本人に歓迎され、順調に運営していたところ、次第に志願者が伸び悩み、危機感を抱くようになりました。日本の景気低迷や日本企業の進出形態が変化した影響に加え、保護者の意識が変化し、英語を身につけるため現地に数多くあるインターナショナルスクールへの通学を選ぶ生徒が増えたのです。

このままでは先細りになる、日本の大学の進学先を確保しつつ国際的な教育が受けられれば、学校の魅力が高まるのではないか――。そう考えた私は、以前から現地の日本人に待望論のあった早稲田大学に共同運営を打診しました。戦前から多数の留学生を受け入れるなど早稲田はアジア諸国とゆかりが深く、当時の奥島孝康総長が前向きに受け止めてくれました。

　こうして2002年、早大初の海外の系属校「早稲田渋谷シンガポール校」が、新たなスタートを切りました。校名を「早稲田シンガポール校」とする案もあったのですが、開校当初からの教職員らの苦労を思い、「渋谷」の名を残すことはどうしても譲れませんでした。

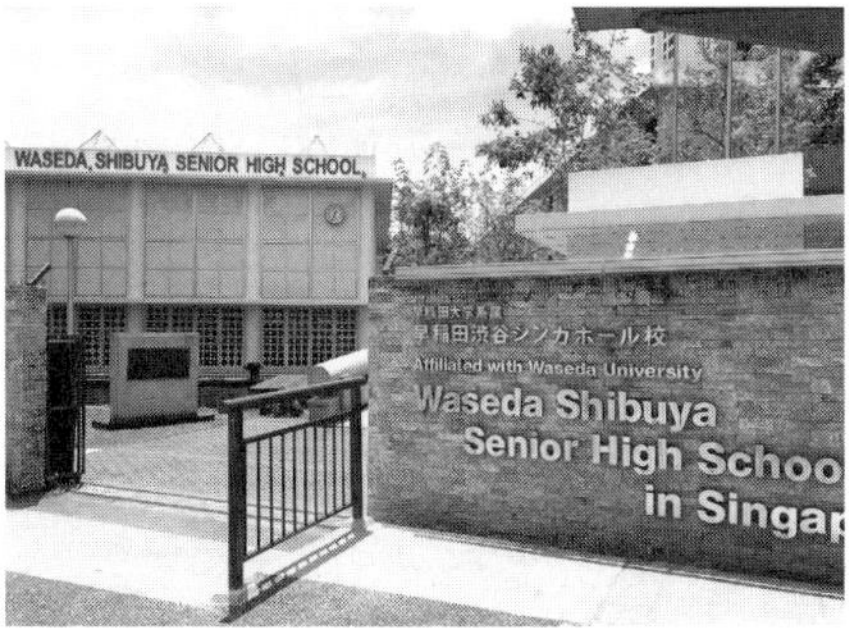

早大の系属校となったシンガポール校

校歌に「都の西北」を入れるという話もありましたが、私は経営する学校の校歌を、「哲山」という号ですべて自分で作詞していてこだわりがあります。作曲も同じ津島利章さんという作曲家にお願いしているのです。結局、校名に「渋谷」の名が残り、校歌もシンガポール校創立時につくった歌詞の校名部分を変えるだけで済みました。奥島さんの理解を得られて、交渉がスムーズに進んだことに感謝しています。

　早稲田からは校長、事務長を派遣してもらい、学校を運営する法人の役員は半々としました。早大への推薦枠は現在、生徒数の約8割に上っています。教育内容は我々が単独で運営していた時とはあまり変わらず、東大などの国立大学や、推薦枠のある関西学院大など他の私大に進む生徒もいます。明るく活気のある環境で育った卒業生は、大学進学後も意欲的で評判がよいと聞いています。シンガポール校が発展を続けていることに、安堵《あんど》と誇りを感じます。

9章　女子校共学化の先駆けに

今の時代の「女子教育」とは

実業系の女学校を前身とし、父から受け継いだ渋谷女子高校を1996年に中高一貫化しました。その際に、共学に変えるかどうかで、実は相当悩みました。女子校としての受験生への人気は高く、女子教育を続けるべきだという意見も教職員の中にはありました。

しかし、「女子教育」とは何でしょうか。戦前のように良妻賢母を育てることではないはずです。86年に男女雇用機会均等法が施行された頃、私は渋谷女子高の学校だよりで「私学における女子教育」をテーマにコラムを連載していました。その中で強調したのは、「これからの女性の生き方を考える上で、職業への本格的な取り組みが大切だ」ということです。女子に限らず「普遍的な人間」としての教育が目標だと結論づけたのです。

千葉市で83年に開設した幕張中学高校は共学の中高一貫校として軌道に乗っており、その

帆船をイメージしたという渋谷中高の校舎

実績は貴重でした。都内では少子化を受け、生徒確保のため中学を併設する私立高校が増えており、私学の経営が将来的に厳しくなることも予想されていました。

　私は「やはり共学しかない」と決断し、渋谷女子高の校舎の建て替えを進めました。渋谷駅から徒歩数分という立地もあり、帆船をイメージしたデザインの新校舎は、「すぐに学校とは分からないような建物を」と設計者に依頼したものです。学校の周辺の街並みは渋谷駅周辺としては落ち着いていて、青山方面と渋谷を結ぶキャットストリートと呼ばれる通り沿いなのですが、「校舎がおしゃれな街に溶け込んでいる」と好評です。

　実は、男子の受け入れをためらったのは、広いグラウンドがなかったこともありました。東京都心の女子校では珍しくないことですが、思い切り運動をする場が十分にないのは、生徒にとって魅力をそぐと考えたのです。そのため、部活動で使えるグラウンドを川崎市内で拡充し、渋谷の敷地内には地下も含めて3か所に体育館を設置しました。中高一貫になると教室も増えるので新校舎は9階建てにし、エレベーターも設けたのです。

渋谷中学校を新設するにあたり、どのくらい志願者が集まるのか不安もあったのですが、最初の学校説明会では800〜900人が出席し、予想以上の手応えがありました。入学試験の予想問題を作成して配付し、「答案を送ってもらえば学校で採点します」と伝えたところ、大量の答案が届いて嬉しい悲鳴をあげました。結局、予想を上回る1200人以上の出願があり、出願初日の前夜から校門に並ぶ保護者が出たほどでした。

当初、入学者の約15%を地理的には遠い千葉県在住の生徒が占めていました。千葉で幕張中高の知名度があるので、系列校として人気が集まったのです。それが次第に東京都内の志願者が増え、今では圧倒的に多くなりました。進学実績の影響か、男子の志願者数も増えて、21年春は女子を上回りました。

《都内では戦前に女学校が多数設立された経緯もあり、1990年代前半は私立高校の半数を女子校が占めており、男子校が約3割、共学校が約2割だった。2020年度時点では共学校が半数を超え、女子校は35%、男子校は13%。男女共学の私立校が大幅に

増えた》

共学化の先例として、他校から相談を受けることもありました。「都市型校舎」の工夫を取り入れる学校も相次ぎ、都内の女子校改革の一つのモデルになったのではないかと思っています。

生徒と対話　校則「全廃」

戦前からの歴史がある渋谷女子高校の共学化を考えていた1990年前後、東京都内では「しつけ教育」を売り物にする女子校が多数派でした。渋谷女子高でも、私の父の代から勤める教員らが制服の着方を細かくチェックし、保護者の支持を得ている面もありました。

実は私は、このしつけ教育が嫌で仕方がありませんでした。スカート丈を物差しで測ったり、三つ編みの数を確認したり。生徒を型にはめて、圧迫感を与えることに、どんな意味があるのかと思っていたのです。

私は若手教員たちを校則見直しの担当に選び、生徒と話し合ってもらいました。明らかに不要なもの、疑問を感じるものをリストアップしてもらったのです。

判断に迷う項目については、他の教職員と私が検討しました。マフラーの巻き方などは

「ルールが必要だ」というベテランもいたのですが、最終的に私が「廃止」を決めました。髪を染めてもいい、という案が上がってきた時は、当時の社会状況を考えて踏み切りませんでした。女子高校生が注目され、今より渋谷の街が騒がしかった時代です。

《80年代には非行防止の目的もあり、公私立の中学高校で行きすぎた管理教育が問題視された。文部省（当時）も校則の見直しを促した。近年は、さらに校則撤廃や制服の見直しが各地で進んでいる》

幕張高校では83年の開校時、一般的な校則がありましたが、生徒の話し合いを重ね、ほぼなくなりました。海外からの帰国生や留学生を積極的に受け入れており、多様な生徒が学んでいる影響もあったと思います。

96年に共学化した渋谷中高では学校生活の手引に「髪の染色や華美な化粧は不要と考えています。良識的な判断を」と記していますが、校則らしいものはありません。厳しく管理しなくても生徒が落ち着いていて受験生の人気も高い様子を見て、他の私立校にも校則を緩める動きが広がったようです。

教員には、派手な色に髪を染めた子などがいたら、とがめたりせずに「どうしたの」と聞くように言っています。気持ちの揺れなどのサインかもしれないからです。スマートフォン

渋谷中学高校で導入した女子のスラックスは、生徒の投票で選んだ

の持ち込みも認めていますが、授業中に使うなどの行為には教員が対応し、ネットのモラルも徹底しています。スマホを認めた当初は都内でも珍しい試みだったため、生徒指導の担当教員は「私学の会議に出ると肩身が狭い」と言っていましたが、今は所持を認めて自己管理をできるようにするのが主流になっています。もちろん、本校でも全く問題がないわけではなく、目に余るケースは生徒に考えるように言っています。

中高生の制服は公式な場にも着ていけるので、とても大切だと考えています。季節や好みに合わせてネクタイの色やスラックス、スカートの柄を選べるようにし、幕張中高では２０２０年から女子のスラックスも用意しています。渋谷中高でも女子のスラックスの導入にあたり、生徒の投票結果をふまえてデザインを決めました。

学校に愛着を持ち、爽やかに身だしなみを整える。そのために厳しい校則が必要でしょうか。

10章　社会の新たなニーズに応える

短大を改組し、看護師養成の大学に

２０２０年に他界した私の兄、田村邦彦は父から引き継いだ東京都目黒区の田村学園と、世田谷区の青葉学園の理事長を兼務していました。青葉学園では幼稚園のほか、１９６６年に開設された短大を経営していましたが、理事長で衆院議員、農相も務めた広川弘禅さんの急逝後に内紛が起き、運営する中学高校の校地を売却する事態に陥っていました。短大と幼稚園の経営を私たちが引き受けたのは、75年のことでした。

兄が理事長、私が理事に就き、渋谷女子高校の卒業生が多数、青葉学園短大に推薦で進学していきました。女子は当時短大への進学者が多く、短大卒の就職率が良かった時代です。それが、女子の4年制志向の高まりで、短大としての存続に黄信号がともったのは、２００２年頃のことでした。

《短大の志願者は１９９０年代後半に急減し、女子の４年制大学進学率が上昇した。各地で短大の定員割れが深刻化し、２０００年前後から４年制への改組が進んだ》

体調を崩していた兄に代わって青葉学園の理事長に就いた私は当初、短大を全面改組して法科大学院に転換することを視野に入れていました。政府が法曹養成の仕組みを見直していた時期で、他の学校法人から「一緒にやりませんか」という誘いもあったのです。心が揺れましたが、青葉学園短大は家政系、栄養系の学科を設置しており、法曹養成は分野がかけ離れていました。

その頃、品川区のＮＴＴ東日本関東病院が付属の看護専門学校を経営する法人を探している、という話を耳にしました。各地の大規模病院などでは看護専門学校の経営が負担になっており、看護師教育の高度化も目的に、公私立大学への改組が進んでいました。

医療系への転換なら、栄養士養成の学科などを併設しやすく、青葉学園短大の教員の雇用も継続できます。当時大手都市銀行に勤めていた長男の聡明に相談すると、「これからの時代は医療系の方がよいのではないか」という意見でした。病院側の公募を経て05年春、看護専門学校の校舎を活用し、東京医療保健大学を開設しました。大学付属の病院は各地にありますが、私たちが新設したのは「病院付属の大学」という位置づけで、医療関係の人材を養成する発想です。博士課程まである大学院も設置し、看護師の裁量と責任が増大する時代の変化を意識しました。

その後、東京医療保健大学は、傘下に約１４０の病院を持つ国立病院機構や地域医療機能推進機構、日本赤十字社和歌山医療センターとも提携しました。それぞれの付属専門学校などを改組して、東京の目黒、立川のほか、千葉、和歌山県に看護学部を開設し、地域で活躍する看護人材を育てています。病院などのニーズに応じて、各地に計7キャンパスを展開するユニークな大学経営を進めているのです。

長男の聡明は銀行を辞めて大学の経営に参画し、幕張中高の副校長にも就きました。22年春からは、幕張の校長職を担っています。あの時、もし私たちが法曹養成に参入していたら……。廃止が相次いだ法科大学院の推移を見ると、厳しい状況になったのではないかと思います。

都内初の認定こども園

渋谷中学高校に隣接して、１９４９年に開園した渋谷幼稚園があります。渋谷駅から徒歩数分の便利な場所ですが、かつて周辺は住宅街だったのです。兄から経営を引き継いだ青葉学園も長年にわたり、東京都世田谷区で幼稚園を運営しています。

こうした幼児教育の経験を生かし、世田谷区に認定こども園を開設したのは、２００７年のことです。大都市を中心に保育所の待機児童問題が深刻化していました。政府は幼稚園と保育所の機能を併せ持つ認定こども園制度を創設し、少子化が進む地方では、幼稚園からの転換などが進みました。

ところが都内の幼稚園には、認定こども園になると、保育所機能を利用する園児が自治体の調整に基づき割り振られ、直接入園者を決められない仕組みに抵抗感があったのです。「名門」とされる幼稚園ほどその傾向が強く、「認定こども園に移行するメリットがない」と言われていました。

《待機児童解消策の一環として打ち出された認定こども園への移行は、幼稚園関係者らの反発もあり、都内ではなかなか進まなかった。特に2歳児以下の受け入れは手厚い保育や調理室が必要で、消極的な園が少なくない》

世田谷区から、定員割れの区立幼稚園の園舎を活用し、認定こども園に転換させたいという話を聞きました。公募に手を挙げ、幼保連携型の「青葉学園野沢こども園」を開設し、都内初の認定こども園の一つになったのです。

他の幼稚園関係者からは「なぜ認定こども園をつくるのか」と抗議を受けました。女性の社会進出が進み、待機児童が急増する状況の中、「何が子どものために一番よいのか考えるべきだ」と私は答えました。日本全体で女性の社会進出が進まないから、日本の経済が成長できない。いまの幼稚園が女性進出の役に立ち、子どもにとっても魅力的な場所になるためには、幼稚園と保育所の両方の仕組みがある園に変えていく必要があるのです。実際、こども園を開園すると、大変な人気を集めました。最近は、他の幼稚園も預かり時間を長くするなど工夫をしていますね。

その後、渋谷教育学園として認定こども園を千葉県浦安市にも開設し、21年には東京都心の中央区で「阪本こども園」の運営を始めました。区立小学校に併設され、温水プールも利用できる恵まれた環境です。

幼児教育の重要性は近年、将来の経済格差を是正する効果が海外の調査で指摘されています。ただ子どもを預かるのではなく、人生のスタート期にきちんとした教育をすることがとても大切で、それは字や数を教えることではありません。遊びを通し、人間関係や創造性を身につけていくのです。浦安では0～5歳、野沢、阪本の各園では1～5歳の子どもを受け入れています。各園で3歳以上を対象に、楽しみながら体操や英語に触れる時間を設けており、保護者には好評です。

認定こども園は、幼稚園機能を利用する子も保護者の希望があれば時間を延長して預かり、保育所機能を利用する子も幼稚園のような充実した教育が受けられます。新たな社会のニーズに応えたい、という私の思いと、よくマッチしているのです。

11章　公立と私立

教育行政を問い直す

文部省（当時）の中央教育審議会委員への就任を依頼されたのは１９８９年のことです。中教審といえば、日本の教育政策の方向性を提言する重要な役割を担っており、大学の学長などのそうそうたるメンバーばかりでした。私学団体の幹部が就くと思っていたので、「なぜ私が」と驚きました。

《中教審は文部科学相の諮問機関。教育政策の重要事項を有識者らが審議し、意見をまとめる。２００１年の省庁再編に伴い大学審議会なども中教審に統合された》

私は東京私立中高協会の総務部長を務めていましたが、団体を代表する立場ではありません。文部省からは「団体の意見ではなく、個人の考えを述べてください」と言われたのです。

それ以前にも、学習指導要領の改定を審議する教育課程審議会の委員を務めた経験がありました。元銀行員という経歴や、学校の枠組みにとらわれない発言などが「面白い」と思われたのかもしれません。

私自身、教育の現場で疑問を持つことは少なくありませんでした。たとえば、交換留学などで1年間海外の高校に通った生徒は、帰国後に元の学年に戻り留年するのが一般的でした。制度上は海外の単位も認められるのに、多くの高校に浸透していなかったのです。私が校長を務める幕張中高では、留学しても遅れずに卒業できるようにしていました。「高校生が留学をためらう要因だ」と中教審で指摘し、制度の周知を促しました。

学校週5日制の実施に向け、中教審は1996年、学習内容を削減する「ゆとり教育」の路線を打ち出し、その後、学力低下を招いたとの批判が広がりました。自ら考える力を育み、教科の枠を超えた「総合的な学習の時間」を導入する方向性は、今求められる教育に通じると思います。しかし、現場に趣旨がうまく伝わらず、学校が自主性を発揮できないなどの課題は大きかったのです。

審議会では、私立校も視野に入れた教育政策の必要性をたびたび訴え、少しはお役に立てたかなと思っています。それまでの文部省の教育政策は私学を念頭に置いていませんでした。その一方で、私学団体との板挟みでつらい立場になったこともあります。公立中高一貫校の導入を中教審が提言した際、私は賛成しました。私立中高の関係者は「私学が生徒を集められなくなる」と反対していました。

私は「6年間じっくり学ぶ中高一貫教育はよいものだから、公立にも広がればよい」と考えていました。実際、公立校に導入されたことで、私立も含めた中高一貫教育が地方でも浸透したと思います。長期的には、私学のメリットにもなることだったのです。

中高一貫教育だけでなく、帰国生の積極的な受け入れや思考力を重視した授業なども、私学が先進的に取り入れた経緯があると自負しています。公立校も民間人校長の採用など様々な試みが行われてきましたが、閉鎖的な傾向はあまり変わっていません。

2000年には当時の小渕恵三首相の私的諮問機関「教育改革国民会議」に参加し、中教審では副会長にも就いて20年以上委員を務めました。「英語嫌いを増やすから、大学入試の英語を廃止した方がよい」と思い切った主張をして、話題になったこともあります。詰め込み型の入試英語のあり方に問題提起をしたいという思いがありました。政府の審議会は、最新の政策や各界の識見に触れる貴重な機会で、社会の変化に対応した教育を考えるきっかけにもなりました。

戦後の窮乏から立ち上がった私学団体

1945年に戦争が終わった時、私の父・田村國雄が経営していた目黒女子商業学校は校舎を焼失していました。空襲の激しかった東京では、公私立の旧制中学校や高等女学校、実業学校などの約7割が被災していたそうです。空襲を免れた学校は、校舎を失った学校に協力し、教室などを提供していました。

一部の伝統校やキリスト教系の学校などを除き、戦前の私立中学や女学校は財政基盤が脆《ぜい》弱《じゃく》でした。私が小学生だった戦時中、父が月1回、風呂敷包みを抱えて帰宅したことを思い出します。卓袱台《ちゃぶだい》の前で家族全員が手分けして包みの中身の月謝を数えるのですが、すべて小銭だったのです。まさに家内工業ですね。生徒の親も早く学校を終えて働いてほしいと願っているような時代背景があったと思います。

戦後の混乱期、新学制の実施で中学が義務教育となり、旧制中学だった私立校の多くが区市町村からの「委託」という形で生徒を受け入れる一方、校舎などの再建が難しく経営に行き詰まる私学も相次ぎました。そうした中、私立校が連携し、再建に向けて国や都に支援を求める運動が起こりました。父が近隣の学校と結成したのが「私学飢餓突破連盟」で、都内の私立校に団結を訴えました。強烈な名称ですが、食料もない時代で、生徒のために皆必死だったのだと思います。こうした運動体が集まり、後の私学団体の前身になったのです。
《1948年には新制高校が発足。高度経済成長期、東京都は私立高校に「生徒急増対策」の補助を行い、生徒の受け入れを推進した。76年には私立学校振興助成法が施行され、私立高校などへの補助が拡充された》
私は東京私立中高協会の総務部長などを務め、2004～08年に日本私立中高連合会の会長に就きました。小泉内閣が私学助成の大幅削減を打ち出した時は日本武道館で「1万人集会」を開き、抗議の意思を表明しました。結局、大幅削減は見送りとなり、ほっとしました。
日本の教育政策は、あまりにも国立大学、公立学校を中心に進められてきました。大学生の7割超、高校生の約3割が通う私学の役割を軽視する面があったと思います。その一方で、生徒急増期の中学高校は、公立も教員や校舎が不足しており、課題が山のようにありました。

学校の閉鎖性、硬直性

受験競争緩和を目的に都立高校の学校群制度が1967年に導入されると、都内の受験生は進学先を自由に選べなくなり、入学先を無作為に振り分けられてしまうことから、都立離れが進みました。2003年に学区制が廃止されてからも受験生の私学志向は続いています。

都立高校は学区をなくし、進学指導重点校をつくったり各校の特色を出したりして、「私立校化」が進んでいるようにみえます。それがよいかどうかは生徒によって受け止め方が異なると思いますが、地域の高校に行くという公立ならではの仕組みが失われてしまっていることには矛盾を感じます。

近年は私立高校授業料の実質無償化制度が拡充され、地方でも公立と比較した上で私立を選ぶ傾向が出てきています。公立校でも中高一貫化や民間出身校長の採用などをしていますが、諸外国の公立校と比べても校長の権限が小さく、教員異動が頻繁な人事制度が課題です。教育委員会の官僚的な体質が、学校の独自性を阻んでいるところもあるのでしょう。近年は教員志望者が減少し、外部登用をさらに進める必要があるのに、各教育委員会が目的意識を持って民間人を登用しようとしているようには見えません。国から言われて仕方なく、という印象です。外部から来れば、当然学校の文化との行き違いはあるでしょう。それは現場の教員が民間出身の校長に教えれば済むことです。公募で来るのを待っているだけでなく、自分たちで必要な人材を探し出し、権限を与えて責任を持たせるべきでしょう。

ティーン・エイジャーと呼ばれる思春期は、海外でもひと続きで教育をするべきだとみる国が多いと思います。中高一貫教育のほか、米国のように日本の小学校高学年にあたる年齢から中学校段階に移行する国もあります。日本の公立校では、今も大半が中高で断絶されたままなのが残念です。中学と高校の教員で給与体系などの扱いが違うことも課題とされています。全入状態になっているのに、旧態依然の偏差値で進学先を割り振るような高校入試が残っていることも、失敗を過度に恐れて子どもが個性を伸ばせない風潮を生み出しているのではないでしょうか。

私学には、生徒が集まらなければ「潰れるかもしれない」という緊張感があることが公立との違いです。その一方で、新規の私立校の設置などを審議する各都道府県の私立学校審議会では、委員に地元の私学関係者が多く閉鎖的になりがちな傾向があります。学校によっては、保護者に不満や要望があっても声をあげにくい雰囲気もあるようです。

私立の中高一貫校で、成績が振るわないと高校に進学させないケースもあるようですね。それは学校の都合によるもので、教員が楽をするためではないかと思います。私たちの学校では、６年間面倒を見るという約束で受け入れたのですから、以前から全員を内部進学させています。たとえ素行に問題があったとしても、どの子も高校まで連れて行きたい。学校の方から退学とは言いません。ただ、不登校など個別の事情から、希望して通信制高校に進む人もいます。

教育の質と内容で公立と私立が競い合うのは望ましいことです。今後は、より多様な生徒にきめ細かい教育をするなど、公立校ならではの役割を問い直す視点も必要だと思います。

12章　飛躍する生徒たち

海外大学進学を支援

幕張中学高校と渋谷中学高校で、海外の大学への進学を本格的に支援し始めたのは、10年ほど前からです。帰国生を積極的に受け入れており、希望者の相談には早くから応じていました。

国際化する社会に対応し、進路を幅広く考える生徒や保護者が増えたのです。新型コロナウイルスの感染拡大が続く状況の中、21年も両校で計約20人の生徒が米国や英国、カナダなどの大学に合格していました。超難関とされ、最近話題のミネルバ大に合格した幕張の女子生徒には、長期の海外体験はありません。オンライン授業が主体で様々な世界の都市での合宿があるユニークな教育を楽しみにしているそうです。渋谷中高からも21年、シカゴ大、コロンビア大などの有名大学に合格しました。米国の大学の学費は高額ですが、多くの生徒が

海外の大学への進学者などからは記念のペナントが贈られた

国内外の奨学金を受けて進学しています。

《米国の有力大学への出願では、一般に志望理由書や小論文が重視される。高校時代の活動実績のほか、大学進学後に何を学び、社会にどう貢献できるかなどをアピールする。米国には共通テストＳＡＴやＡＣＴなどがあるが、有力大学ではその成績を求めない傾向も強まっている》

両校では海外進学の説明会を開き、選択科目で英語による論文指導などもしています。帰国生以外にも挑戦する生徒は少なくありません。

手間のかかる海外への出願と日本の大学の受験を両立させる生徒もいます。東大にも合格した上で、海外の大学を選ぶケースが、毎年のようにあるのです。国際ランキングで東大より上位とはいえ、日本では知名度の低い大学も含まれており、以前は考えられなかった現象でしょう。

先駆けとなった幕張の卒業生、山谷渓《やまやけい》さんはプリンストン大に進学し、生物学を研究するためスタンフォード大の大学院に進みました。東大に入学して夏休み前まで過ごし、「米国の方が少人数の教養教育で幅広い分野を学べる」と決断したそうです。他の東大合格者では、アメリカのＭＩＴなどのほか、カナダのトロント大学への入学を優先した卒業生がいました。

東大を始め日本の大学はランキングの順位以上に水準が高いと思いますが、あまりにも国内だけで序列化されています。「米国の大学は、論文や出願書類で自分のことをよく見て選んでくれた」と感激した卒業生もいました。生徒たちの選択は、日本の大学や入試の現状に風穴を開ける効果があるのではと、ひそかに期待しています。

進学実績急上昇の秘訣？

１９８３年に高校、86年に中学を新設した幕張中学高校について、「短期間に進学実績を伸ばした理由」をよく聞かれます。１期生で東京大学に合格したのは一浪して合格した１人だけでした。創設からの数年間は国公立大への進学者も少なかったのです。

「千葉県随一の進学校を目指す」と当初から宣言していたものの、十数年で東大合格者が20人を超え、県内トップになるとは思っていませんでした。近年は毎年約70人が合格して全国の国公私立高校で10位以内に入っています。96年に女子校を共学化した渋谷中学高校も、東大合格者が30人を超えるようになりました。渋谷が短期間で実績を伸ばしたのは、やはり幕張の経験と知名度が影響したのでしょう。

《東大などの難関大学合格者は、高度経済成長期に都立など公立高校の生徒が多数を占めていたが、80年代以降は私立中高一貫校、特に男子校の出身者が多い》

進学に力を入れる私立校に多い「東大進学コース」「特別進学クラス」といった枠は当初から設けていません。効率的に指導しやすいのかもしれませんが、生徒が序列化され、校内の雰囲気に影響すると思うからです。成績を高校進学の条件にしたり、優秀者を掲示したりもせず、生徒には自分の位置が分かる成績分布表を配っています。

進学実績が向上したのは、突き詰めると、教育理念の「自調自考」の影響が最も大きいと思います。自ら学ぶ姿勢がすべての基礎になるからです。幕張、渋谷の両校では、中学1～2年は原則30人台前半の学級で丁寧に指導し、宿題の提出状況もきめ細かくチェックします。中3以降は40人前後の学級で、課題は出しますが生徒の自主性に委ねます。言われなくても勉強することが前提になるのです。

長期休暇の希望制講習は無料ではなく、主体性を持ってもらうため100～300円程度の参加費を設けています。修学旅行などの校外行事を大切にしていて、国内の行き先については「現地集合、現地解散」を基本としています。班ごとに移動の計画も立てます。中学入学直後に鎌倉に行く前などは親が心配し、事前に一緒に行ったりするのですが、それでは意味がない。都会と違って、地方ではバスや電車の本数が少ないことなども自分たちで調べていけば、よく分かるのです。時々、広島集合なのに新幹線で眠ってしまい博多まで行ってしまう生徒がいるなどアクシデントもあるのですが、現地集合・現地解散は取り入れる学校が増えていますね。

このほか、学校が推進しているボランティアや社会貢献活動も、生徒自身がテーマを見つけ、活動先との交渉までやり抜くのが原則です。「校長講話」が高い進学実績の秘訣では、などと言われることもあります。講話の内容が自分で考えるきっかけになることもあるとは思いますが、もちろん、どれも進学と結びつけて行っているわけではありません。

生徒の進路については、抽象的でも「なりたい自分」を考えて視野を広げるよう助言しています。希望の職業をイメージできずに迷っても、現時点で「最善の選択」をすればよいのです。

理科系の学部に進むと実験などが多くなります。そうした場面で、「渋渋、渋幕出身の学生とは、一緒に研究がしやすい」という評価の言葉を聞くのは嬉しいことです。協力して研究活動をするような経験を高校時代に積んでいるからなのでしょう。

海外の大学のほか、東京芸術大など美術系や音楽系に進む生徒が一定数いるのは、私の誇りでもあります。放課後になると、廊下など校内の数か所に置かれたピアノからは、見事な演奏が聞こえてきます。

東大は入学後に教養学部で幅広く学ぶ仕組みがあり、将来の幅を広げる教育・研究環境が整っている大学の一つだと思います。難関大学への進学に限らず生徒の多様な選択を尊重し、希望の実現を支援していくことが、活気ある学校をつくると考えます。

多彩な活躍　在校生にも刺激

２０２１年の春、日本テレビの番組改編でうれしいことがありました。朝の情報番組「ＺＩＰ！」の総合司会に幕張高校出身の水卜麻美アナウンサーが就き、「スッキリ」の水卜さんの後任を渋谷中学高校出身の岩田絵里奈アナウンサーが担当することになったのです。

姉妹校の出身であることは、互いに意識していたようです。岩田さんは最近も母校を訪れ、後輩たちに講演してくれました。

学校の開設から年数が経過すると、卒業生の活躍が楽しみになります。幕張中高は22年に37回目、渋谷中高は共学化から21回目の卒業式を迎えました。

企業人としては、幕張高校4期生の米マイクロソフト本社副社長・平野拓也さんが有名です。渋谷中高からハーバード大を経て米国の大手ＩＴ企業を舞台に活躍する卒業生もいます。注目される研究者や国際機関で奮闘する人も多いのです。

幕張出身の彩瀬まるさんは２０１８年に「高校生直木賞」を受けた人気作家です。在学中、講演に訪れた大江健三郎さんに作文指導を受ける写真が残っており、感慨深いですね。東大大学院時代に執筆を始めた小川哲さんも幕張出身で、ＳＦ的な作品で18年に山本周五郎賞を受け、23年1月には『地図と拳』で直木賞を受賞しました。

《高校生直木賞は14年に創設され、直近1年間の直木賞候補作品について高校生が議論して選ぶ。山本周五郎賞は物語性の強い優れた作品を対象とする》

普段から生徒に言うのは、大学入試は目標ではあるが、ゴールではないということです。その先を考えるヒントになればと様々な分野の講演会を開きますが、卒業生の話は特に胸に響くようです。

なかでも好評だったのは、20年真打ちに昇進した落語家、立川志の春さんの講演です。帰

OBの立川志の春さんの幕張中高での講演

国生で、幕張から米国の名門、エール大に進学した優秀な生徒でした。日本の大手商社に入社後、たまたま立ち寄った立川志の輔さんの落語会に衝撃を受け、弟子入りを志願したユニークな経歴の持ち主です。エリートコースから転じた修業の日々は苦労も多かったようですが、米国でいかに自分が日本文化を知らないかを痛感しただけに、いつかは落語を世界に――と夢を描いているそうです。熱い語りに生徒が共感し、「面白かった」と私に感想を伝えに来た子もいました。

渋谷中高は女子柔道に力を入れており、北京、リオデジャネイロの両五輪で銅メダルの中村美里さんも卒業生です。21年6月の世界選手権で優勝した朝比奈沙羅さんは、負傷した対戦相手をおぶって会場を後にする姿が称賛されました。本当に優しい人柄で、医学生と競技を両立する努力も大変なものです。校長講話をしている校舎地下のホールには可動式の畳があり、そこで練習をするのですが、スペースが限られた環境で、柔道部顧問の佐藤康先生、その後輩の古矢彰浩先生が、オリンピック選手を育ててくれました。

校舎の受付には卒業生が気軽に訪れやすいように専用の入校証を置いています。進路に関して後輩に話をしてもらったりする機会も多いのです。

幕張高校では、保健体育の授業に医師として活躍する卒業生を交代で招いています。自治医大を卒業し、千葉県内で小児神経科医として活躍する小橋孝介さんには、保護者を対象に講演をしてもらいました。虐待の問題にも取り組み、厚生労働省・子ども家庭総合支援拠点の設置促進に向けたアドバイザーも務めています。医学部を目指す生徒には、先輩たちの話が、仕事の内容や自らの適性も考える指針になればと思っています。

13章　次世代をどう考える

中学受験について

中学入試の試験開始前、立ち上がって大きく伸びをしたり、首を回したり。「リラックス体操」を始めたのは、渋谷中学を新設した25年前のことです。幕張中学の試験会場で、鉛筆を持つ手が震えて止まらない受験生を目にしたことがありました。よほど緊張しているのだと気の毒になって、体育の教員に相談して取り入れたのです。

千葉県の幕張中は東京、神奈川より入試日程が早いので、1月に初回、2月に2回目の試験を実施します。渋谷中は2月に計3回の試験を設けています。多い時は4回実施していました。伝統校の入試は1回のみで、後は繰り上げ合格とする方式が多いのですが、12歳の子どもは緊張で力が出し切れないこともあり、チャンスを与えたいという思いがあります。一時は、不合格になった受験生全員に、感謝と将来に向けた激励の手紙を出していました。今は受験者数が多くなって、できなくなっているのですが。

首都圏の私立校は近年、「完全中高一貫化」が進み、高校からの募集をやめるケースが相次いでいます。公立中よりも学習の進度が速く、高校からの入学者への対応が難しいからでしょう。

中学入試で試験開始前にリラックス体操

幕張中高で高校入試を続ける理由の一つに、地域の要請があります。高校からも受験できれば励みになると言われるのです。
《中学入試に詳しい首都圏模試センターによると、2022年春の首都圏の中学受験者数は過去最多の約5万1000人と推定され、小学生の受験率は17％。都内では私立中学などに進学する児童の割合は約2割で、半数近くの区もある。受験生の大半が入試対策のため進学塾に通う》
中学入試が高校入試と異なるのは、中学校が義務教育ということもあり、小学校教員がほとんど関わっていないことです。渋谷中を新設した際に公立小に案内を出したところ、説明会への参加者は見当たりませんでした。私が麻布中を受験した70年余り前は、他の児童と共に小学校の先生が指導してくれましたが、時代が違いすぎますね。

　大手進学塾の教材や学習内容は優れていると思いますが、夜遅くまで通い、小学校低学年から準備を始めるなど、過熱する実態は否めません。入試問題が相当難しいという要因もあります。塾の費用がかかり、家庭の経済状況の影響が懸念されます。

　渋谷教育学園では苦学した父・田村國雄の遺志を継ぎ、家計が厳しい生徒を対象に奨学金を設けています。キッコーマン創業者一族の高梨家や、妻の実家の三建設備工業などの親戚が支援してくれているのです。この奨学金を受けて幕張高校に通い、東大に進んだ母子家庭の生徒もいました。最近は私立高校の実質無償化制度も充実しており、入学後の家計負担は大幅に軽減されています。

　中学入試の準備の早期化や負担については、日本人の入試の「公平さ」に対する意識が変わらないと、問題の解消は難しいかもしれません。理想を言えば、中学入試を一点刻みの試験ではない形に変えていくことができないかと思っています。少なくとも、地域の実情に応じて公立小と私立中、公立中高一貫校などがもっと交流し、連携した方がよいでしょう。特に首都圏などの大都市では、公立中に進学するという前提が崩れています。建前に固執しすぎず互いに理解し合うことが、子どものためになるからです。

海外との交流から学ぶ

２０２1年8月、渋谷教育学園の主催で米国、メキシコ、シンガポールなどの16か国・地域と27都道府県の約１２０校をオンラインで結ぶ国際会議を開きました。ＳＤＧｓ（持続可能な開発目標）をテーマに、模擬国連の開催のほか、環境問題や歴史、読書などについて発表や討論を行う「学びのオリンピック　ＳＯＬＡ２０２１（Ｓｈｉｂｕｙａ Ｏｌｙｍｐｉａｄ ｉｎ Ｌｉｂｅｒａｌ Ａｒｔｓ）」です。

SOLAの活動で国際会議を開く生徒たち

新型コロナウイルスの影響で、文部科学省の支援を受けて国内外の生徒を招く予定はオンラインに変更されました。対面で集まれないのは残念でしたが、生徒は画面上の交流を楽しみ、見事に会議を運営したのです。

渋谷中学高校と幕張中学高校は２０１８年にも「世界高校生水会議（Ｗａｔｅｒ ｉｓ Ｌｉｆｅ ２０１８）」を開き、18か国の約１００人が来日しました。頭の柔らかい中高生の時期に海外の同世代の意見に触れる機会は、大きな刺激になります。英語を身につける必要性も痛感するでしょう。こうした交流の場が各地に広がればと願っています。

新型コロナウイルスの影響による20年の休校期間には、両校でオンライン授業の態勢を急きょ整えました。学校再開後は、普段力を入れている校外研修や修学旅行の延期を余儀なくされました。一部は日帰りに切り替え、学年を超えて日程調整を続けています。何とか感染が収まればと祈るような思いですね。

《文科省は小中高校の修学旅行をコロナの影響で行わない場合は中止でなく延期扱いとし、近距離への変更も含めて検討するよう促した》

最近は生徒や保護者の一部に「教育を受けられればオンラインだけでもいい」という考え方もあるようです。しかし、体験型の学習や対面の授業には、代替できない価値があります。大学のオンライン授業が拡大し、高校の卒業生には「大学に入った実感がない」と戸惑う声もあります。大学生だからこそ、知識や技能だけでなく人間関係を築く中で学びを深めることが大切なのにと胸が痛みます。

厳しい状況の中、これまでにないような活躍を見せる生徒もいます。幕張高校の立崎《たつざき》乃衣《のい》さんはコロナの影響で休校になった1年生の時に、自宅で3Dプリンターを使ってフェースシールド約１５００枚を製作し、医療機関に寄付しました。その活動が注目され、香港に本社があるパソコン大手・レノボが企画した「世界を変える10人の若い女性」に選ばれました。

さらに立崎さんは高校に在学しながら、社会貢献のために起業する準備をしています。民間団体の助成を受け、災害など非常時に物資を迅速に生産、供給する仕組みを考えているそうです。ロボット作りが好きで、地域のチームでコンテストにも出場するユニークな生徒です。

渋谷中高でも、コロナ禍の中で２０２１年には国際情報オリンピックに出場した高校生が金メダルを獲得し、20年に開催されたＪＡＸＡ《ジャクサ》（宇宙航空研究開発機構）のロボットプログラミング競技会では中３の生徒が参加したチームが優勝するなど、めざましい活躍が相次いでいます。困難の中で新しいことに挑戦する姿を頼もしく思います。

エピローグ――学園長として

１９６４年の東京オリンピックのマラソン中継を、私は当時の渋谷女子高校のテレビで見ていました。父が経営する渋谷教育学園に銀行員から転じて間もない頃です。円谷《つぶらや》幸吉《こうきち》選手とエチオピアのアベベ選手の力走に感動し、国立競技場の近くまで走って応援に行ったことを昨日のことのように思い出します。

再び東京オリンピックを迎えた２０２１年も、私は教育の現場にいました。今回印象深かったのは、銀メダルに輝いた女子バスケットボールです。私が理事長を務める東京医療保健大の女子バスケットボール部の恩塚亨監督（当時）が、日本代表チームにアシスタントコーチとして貢献したのは大きな喜びでした。恩塚さんは、もとは幕張高校の教員で、女子バスケットボール部の指導にあたっていました。私たちが新設した東京医療保健大で部を立ち上げ、全日本大学選手権大会で連覇を達成し、選手を育ててくれたのです。東京オリンピック後は、女子の日本代表チームでヘッドコーチの重責を担っています。

この半世紀を振り返り、家族や様々な人に助けられてきたことを実感します。幕張中学高校の80年代の草創期や、渋谷中学高校の共学化当時を知る教職員たちが、学校を支え続けてくれています。再訪した卒業生が恩師に会えるのが私立のよさだと思います。

私は22年度から、理事長と「学園長」を兼務する立場になりました。長年続けてきた幕張中高の校長は、副校長を務めていた田村聡明、渋谷中高の校長は、副校長だった高際伊都子に交代し、次の世代にバトンタッチしています。

教育現場はコロナ禍という新たな課題に直面しています。未来のあるべき姿を起点に、今なすべきことを考える「バックキャスティング」で臨み、これからの時代に求められる教育に取り組んでほしいと願っています。変わらず続けたいのが、私が生徒に直接リベラル・アーツについて語ることで、「学園長講話」として内容もアップデートしていくつもりです。

《私立中高一貫校の校長は創業者の関係者や教員が就くほか、公立高の元校長や大学教授を招いて教育を任せるケースなど様々だ》

二つの中高一貫校、ブリティッシュ・スクールとシンガポールの高校、幼稚園と保育所の機能を併せ持つ認定こども園、短大を改組した看護師養成の大学・大学院——。時代の変化や社会のニーズに応えながら私立学校をつくり、育ててきました。

最近、企業関係者などから、日本の教育の現状に対する危機感を耳にする機会が増えています。横並びから脱却し、もっと生徒の個性や多様な才能を引き出していく教育が必要なのだと思います。これからの社会に何ができるのかを考え続け、学校の新たな可能性を模索する思いは尽きることがありません。

あとがき

私が人生の仕事として関わってきた日本の教育が、２０２２年に「学制」公布から１５０年の節目を迎えました。明治期から戦時中までの前半にあたる75年間の教育は、「富国強兵」を目指していました。敗戦後は、ひたすら「富国」を目指したわけですが、学校教育の根幹は、太平洋戦争を目前にした１９４１年に導入され、私も学んだ国民学校の仕組みが基本的に維持されているように思います。同盟国だったドイツの小学校「フォルクス・シューレ」にちなんで名付けられた国民学校は、国が目標を定めて、その方針を全国津々浦々の学校に徹底する仕組みです。その影響を残した学校教育は戦後、見事に成功し、日本の高度経済成長期を支えることにつながりました。ところが１９７０年代～80年代、日本人に「生きがい論」がわき起こり、学校教育の意味も問い直されるようになりました。豊かにはなったけれど、本当にこれが幸福なのか、という疑問を多くの人が抱くようになったのです。今日

Well-Being や働き甲斐（Work-Engagement）が大切なテーマとして議論されていることにつながる流れと言ってよいでしょう。

そんな時期にチャンスがあり、新しい学校をつくることができました。日本の社会が新しい教育を待ちかねる雰囲気の中で誕生したのが、千葉市に創設した幕張中学高校だったと実感しています。女子高校を共学・中高一貫化した渋谷中学高校とともに、30〜40年間かけて時代に先駆けた学校教育の実現を目指してきました。その成果として、卒業生が様々な形で成果を挙げていることに喜びの気持ちで一杯です。

私が考えていたのは、「富国」だけではなく、一人一人の個人の人生を豊かにするための学校教育です。まず目標に掲げたのが、「自調自考」でした。ソクラテスも「汝自身を知れ」と言ったように、スタートは自分について知ることです。先行きが分からない今の時代を生きるには、自分で考え、実行する力が一層必要になっていると思います。幸い、卒業生は、校長の言うことが卒業するとよく分かるようになる、と言ってくれています。それに加えて、「国際人」「高い倫理感」という目標を掲げ、グローバルな発想を身につけて日本の伝統文化も理解する若者の育成を重視しています。その理念を伝えるべく続けてきたのが、学年ごとに年間5回程度、「中高生のリベラル・アーツ」を目指す校長講話（2022年度からは学園長講話）でした。

２０２２年秋、ロシアのウクライナ侵攻が長期化しています。私は今、若い生徒たちが戦争を身に迫るものとして鋭敏に反応しているという、戦後になかった状況を実感しています。漠然とではありますが、自分たちが戦場に行くような時代を迎えるかもしれないという危機感を持って、生徒たちは受け止めているのです。私の講話を聞いた生徒たちの感想文には、そうした思いや問題意識がにじみ出ているものもあり、はっとさせられます。

ウクライナの現状はある意味で、今の時代を象徴するような事件であるとも言えるでしょう。近現代社会の出発点は「契約」にあるとされています。神々との契約を基にしてつくられたキリスト教的社会が、人と人との契約を起点とする社会に変わったからです。ロシア侵攻に対して、英国が「国際法違反だ」といち早く反発したのも、人と人が契約するという考え方を打ち出した「マグナ・カルタ」（大憲章）を誇りとしてきた歴史を考えると納得がいきます。

それぞれの個人が自分の考え方と判断に基づいて行動するというヨーロッパで生まれた思想は、自由と民主主義の社会を生み出す原動力になりました。自由は一人一人の能力を最大限に発揮させる効果がありますが、結果として貧困や格差など負の要素が再生産されているのが今の社会でもあります。このような問題に対応し、的確な解決方法を見いだすことの難しさを我々も歴史の流れの中で実感しているところです。そうした中で、人間としての尊厳を認める基本的人権や自由を制限する専制国家を支持する動きが、現代社会の一部に起きていることを憂えます。ウクライナにおけるロシアの行動も、地政学的な文化に対する考え方を一人一人の尊厳より優先させた結果起きたものではないかと私は考えています。

まさに、そうした時代だからこそ、古代ギリシャ文化が生み出したリベラル・アーツを学ぶことが、いよいよ重要になっているのではないでしょうか。私が続けてきた講話は、そのリベラル・アーツを中高生向けに編成し、国内外の歴史や哲学、科学、文学など人類の叡智《えいち》を幅広く学ぶ場になっています。それが、今の国際情勢の原点や異文化を深く理解することにもつながるのです。講話の内容を収めた本書を読んだ方々が、私の考え方の一端を参考に、歴史をひもといたり、現代社会の問題を話し合ったりするきっかけをつくっていただければ、大きな意味があると考えています。私は歴史や哲学の専門家ではありませんが、生徒たちに視野を広げてもらいたいと様々な書籍や記事などを読み込み、発達段階に合わせて題材や構成の工夫を積み重ねてきました。精魂を込めた校長講話は、私が目標としてきた「新しい学校」を実現するための一つの手段でもあり、そういう視点から本書を読み解いてくだされば、

大変嬉しく思います。

半世紀以上に及ぶこれまでの教育活動は出会った多くの方々からのご支援とご助言で続けてくることができたものであり、皆様に感謝申し上げるとともに、こういった機会を与えてくれた読売新聞東京本社編集委員の古沢由紀子さんと中央公論新社の黒田剛史さんに心から御礼申し上げます。

最後に、私を育て守り助けてくれた家族、妻の和子や子どもたちにあらためて心からの感謝を贈ります。

２０２２年11月

田村哲夫

田村哲夫（たむら・てつお）

渋谷教育学園理事長、学園長。1936年東京生まれ。58年東京大学法学部卒業。住友銀行を経て、70年学校法人渋谷教育学園理事長に就任。83年渋谷教育学園幕張高等学校を開校、つづいて86年同幕張中学校を設置し中高一貫校とする。96年渋谷教育学園渋谷中学校長に就任、99年同渋谷高等学校を開校。幕張中高、渋谷中高の校長を2022年まで務める。文部科学省・中央教育審議会副会長、日本私立中学高等学校連合会会長、日本ユネスコ国内委員会会長などを歴任。著書に『心の習慣』（東京書籍）、『渋谷教育学園はなぜ共学トップになれたのか』（中公新書ラクレ）、訳書に『アメリカの反知性主義』（みすず書房）。

聞き手

古沢由紀子（ふるさわ・ゆきこ）

読売新聞東京本社編集委員。1965年生まれ。87年早稲田大学政治経済学部政治学科卒業。同年読売新聞社入社。山形支局、社会部、ロサンゼルス支局長、生活情報部次長、教育部長、論説委員などを経て現職。文科省・中央教育審議会委員などを務める。教育問題を中心に様々なテーマで取材を重ねている。単著に『大学サバイバル』（集英社新書）、共著に『教育再生』『大学入試改革：海外と日本の現場から』（いずれも中央公論新社）、『志村ふくみ 染めと織り』（求龍堂）。

装幀／中央公論新社デザイン室

写真提供／渋谷教育学園、田村学園（178ページ）、
読売新聞東京本社（13、21ページ）

伝説《でんせつ》の校長講話《こうちょうこうわ》
—— 渋幕《しぶまく》・渋渋《しぶしぶ》は何《なに》を大切《たいせつ》にしているのか

2023年1月25日　初版
2023年6月25日　4版

著　者　田村哲夫《たむらてつお》
　　　　古沢由紀子《ふるさわゆきこ》（聞き手）

発行者　安部順一

発行所　中央公論新社

〒100-8152　東京都千代田区大手町1-7-1
電話　販売 03-5299-1730　編集 03-5299-1740
URL　https://www.chuko.co.jp/

DTP　今井明子
印　刷　大日本印刷
製　本　小泉製本

Published by CHUOKORON-SHINSHA, INC.
Printed in Japan　ISBN978-4-12-005622-2　C0037

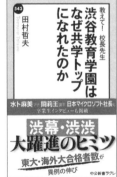